Philippe Labro

MON AMÉRIQUE

À Joseph-Loup-Labro DAVIS, mon petit-fils, français et américain.

© 2012, Éditions de La Martinière, une marque de La Martinière Groupe, Paris.
Connectez-vous sur www.lamartinieregroupe.com
Conception graphique et réalisation : Olivier Fontvieille et Anne Ponscarme / offparis.fr
Recherche iconographique : Farid Abdelouahab

MON AMÉRIQUE

Philippe Labro

50 portraits de légendes

Éditions
de La Martinière

« LA FRANCE ÉTAIT UNE TERRE, L'ANGLETERRE UN PEUPLE, L'AMÉRIQUE ÉTAIT DIFFICILE À DÉFINIR […] C'ÉTAIT UNE VOLONTÉ DU CŒUR. »

Francis Scott Fitzgerald

Avant-propos

1954-1956.
Boursier Fulbright à
Washington & Lee University
(Virginie).

Nous possédons tous un paysage intérieur, composé de musiques, lectures, personnages et événements, qui nous ont nourris, inspirés, éduqués. Le mien est double : la France, avec les lectures conseillées par mon père, les racines montalbanaises, le mariage d'Apollinaire et Balzac, Kessel et Charles Trenet, *L'Armée des Ombres* et Léo Ferré.

Et puis, il y a l'autre : mon Amérique, où j'ai débarqué, « riche de mes seuls yeux tranquilles », à dix-huit ans — ignorant et avide de comprendre. Quand est née l'idée de dresser le portrait de 50 Américains — comme le nombre des États de l'Union — avec une iconographie différente des clichés habituels, j'ai mesuré à quel point étaient nombreux ces hommes et femmes qui avaient composé mon deuxième paysage intime. Il n'a pas été facile de faire le tri. Il m'a fallu procéder à de cruelles impasses et risquer les apostrophes : pourquoi celui-ci, et pas celui-là ? Pourquoi préférer Louis Armstrong à Miles Davis, Hemingway à Dos Passos, Sinatra à Nat King Cole, Jefferson à Benjamin Franklin, Dylan à Springsteen, Edison à Bill Gates, McQueen à Gary Cooper, Jessie Owens à Arthur Ashe ? Pourquoi ignorer certains contemporains : Obama, Steve Jobs, James Ellroy, Spielberg, Hillary… ? Parce que c'est eux, parce que c'est moi.

Par simple subjectivité : une attirance pour un certain type d'hommes ou de femmes. Des créateurs, souvent, presque tous venus de « nulle part », enfants d'immigrés, atypiques. Par souvenir de mes années américaines : les *mid-fifties* quand j'étais étudiant, les *sixties* quand j'étais reporter. Parce que j'en ai côtoyé ou observé plus d'un. Et surtout à cause d'un point commun : ce sont des *mavericks*, ce beau terme qui désigne ceux qui, parmi les mustangs sauvages qui déferlent en troupeaux dans les plaines de l'Ouest, se distinguent de la masse et quittent le groupe pour galoper seuls, le long de la butte. J'entends bien que « mes Américains » constituent une galerie idéalisée de leur propre pays. Trop belle, me dira-t-on. Il y a d'autres Américains, il y a une autre Amérique, dont les travers, les erreurs, les excès, les péchés originaux ou plus récents, ont fait la face négative de ce pays, et ont justifié la critique, le rejet et nourri l'anti-américanisme. Je n'ignore rien de tout cela. Paul Valéry disait que le degré avancé d'une civilisation se mesure au nombre de contradictions qu'elle comporte.

Mes Américains sont des rebelles, des *mavericks*, des empêcheurs de tourner en rond, des individualités inclassables. Ils ont bousculé l'ordre établi avec courage et inventivité. Leurs noms, pour la plupart, sont très connus, bien au-delà de leurs frontières. J'ai voulu parler d'eux sans nostalgie ni complaisance, avec la franchise et la lucidité de « qui aime bien, châtie bien », et avec la curiosité du romancier. Ils sont tous des romans.

Je danserai comme un papillon
et je piquerai comme une abeille

Mohamed Ali
1942, Louisville, Kentucky

On avait du mal à croire qu'il n'allait pas en prendre plein la gueule, tellement sa garde était basse, les bras presque ballants, le long de son corps si agile, ce poids lourd qui bougeait sur le ring de boxe comme un poids léger. On eût dit qu'il s'offrait aux coups de l'adversaire : « Allez, vas-y, tape, essaye donc de me toucher. » Mais les *fighters*, en face de lui, ne parvenaient pas à l'atteindre.

Il esquivait, comme un matador autour des cornes du taureau. C'était aussi vif, immédiat, aussi furtif que les passes d'une muleta. Aussi provoquant, dominateur, aussi prompt à frôler le danger et la percussion fatale, avec la grâce de celui qui sait que cela ne lui arrivera pas. Sur le ring, il était éblouissant, fascinant, sans précédent ou presque. Bien avant lui, un autre Noir, au nom magique, Sugar Ray Robinson, avait autant séduit les spécialistes, mais Sugar Ray ne possédait pas toutes les autres qualités du jeune prodige du Kentucky – qui s'appelait d'abord Cassius Clay et décida de se rebaptiser Mohamed Ali.

Un coup de hanches, une série accélérée de petits pas, un recul du torse, une vitesse de rotation des jambes, au bout desquelles on découvrait, sur ses chaussures, des petits pompons blancs qui voletaient sans cesse, de façon insolente, on eût dit une figure de ballet. C'était incroyable, ce gamin de dix-huit ans, il était en train de conquérir sa médaille d'or aux Jeux olympiques de Rome, en 1960, au début de cette fabuleuse décennie des sixties qui vit surgir tant d'individualités comme lui, tant d'iconoclastes, de Savonarole, ces dix années de folie américaine – Viêtnam, hippies, Peace and Love, les Kennedy, *Hair* et *Easy Rider*... – et dont il fut l'un des plus beaux emblèmes. C'est en février 1964 qu'il va stupéfier le monde du sport. Entre-temps, et au passage, Cassius

Clay, dès son retour de Rome, a jeté sa médaille d'or au fond du fleuve Ohio, après qu'un restaurant réservé aux Blancs eut refusé de le servir. Geste prémonitoire, annonce de ses rébellions, ses prises de position ; affirmation, surtout, qu'on avait affaire à un boxeur pas comme les autres : il ne se limitait pas à l'exercice de son sport. Il « pensait » ! Rendez-vous compte ! Les Blancs du Kentucky, qui avaient tout misé sur lui, auraient dû méditer ce premier geste et comprendre que leur poulain ne resterait pas longtemps leur *prize fighter*.

Je reviens au 25 février 1964, à Miami. Ce jour-là, en face de lui, un monstre, apparemment imbattable, le champion du monde des lourds, le monumental et benêt Sonny Liston. Le gros et féroce Sonny qui va être bluffé, étourdi, stupéfié, et archi-dominé par Clay, en quelques rounds.

> « QUI N'A PAS D'IMAGINATION N'A PAS D'AILES. »
>
> Mohamed Ali

Regard de Mohamed Ali entre deux rounds en direction de son adversaire Sonny Liston, lors du fameux combat du 25 février 1964, à Miami, pour le titre de champion du monde poids lourd. Photographie de Neil Leifer.

Mohamed Ali, champion
du monde poids lourd : le cri
de sa victoire en six rounds,
à la fin du match devant
les journalistes, pour avoir
battu Sonny Liston,
à la surprise générale,
le 25 février 1964 à Miami.

Page de droite
Coup de fatigue pour
le champion de boxe poids
lourd Mohamed Ali durant
une séance d'entraînement
à Miami, en 1971. Le 8 mars,
Ali rencontre Joe Frazier
au Madison Square Garden

après trois ans d'absence
des rings pour « le combat du
siècle », et connaît la première
défaite de sa carrière.
Il enchaîne ensuite les combats
pour retrouver la première
place. Photographie de Chris
Smith.

Double page suivante
Le 27 mai 1963, Cassius Clay
se repose dans sa chambre
d'hôtel à Londres. Il lève cinq
doigts, prédisant le nombre
de rounds qu'il lui faudra pour
mettre à terre le boxeur
anglais Henry Copper.
Photographie de Len Trievnor.

Devant lui, devant les mâchouilleurs de cigare aux chapeaux vissés sur leurs crânes de faux mafieux, assis aux premiers rangs, aux côtés d'une presse spécialisée qui, institution oblige, croit fermement que le tenant du titre va écrabouiller le jeune prétentieux, Cassius Clay propose une approche inédite. Il l'a déjà détaillée au cours des séances d'entraînement et lors d'innombrables rencontres avec des journalistes qui prennent note de chacune de ses formules à l'emporte-pièce, son verbe inimaginable pour un monde aussi brutal et inculte que celui de la boxe professionnelle. Clay leur dit : « *I will dance like a butterfly and sting like a bee.* » (Je danserai comme un papillon et je piquerai comme une abeille.)

Il y a plusieurs versions de sa chanson : *Float like a butterfly*, plutôt que *dance* — mais au fond, c'est la même chose, le même esprit. On sourit, on se pince l'oreille en se demandant si c'est du lard ou du cochon, on se met à sa machine à écrire et on rapporte la phrase-clé sans trop y croire. Mais la presse, sans en prendre conscience, est déjà conquise. Car Cassius Clay les a envoûtés, il leur a offert en cadeau ce que tout journaliste souhaite obtenir : de la bonne copie. Clay est un communiquant de génie. Toute sa vie, il saura, grâce à l'impétuosité de son intelligence, l'arrogance de sa vision, le sens aigu du geste et du mot qui fait mouche, la morgue de la réplique, la volubilité de l'improvisation verbale, la connaissance fine de ce que le public et les médias attendent, toute sa vie, Cassius Clay, AKA (*Also Known As*, c'est-à-dire « aussi connu sous le nom de »), Mohamed Ali aura su s'exprimer comme aucun sportif avant lui — aucun après.

FINAL

DAILY NEWS
NEW YORK'S PICTURE NEWSPAPER ®

10¢

Vol. 52. No. 220   Copr. 1971 New York News Inc.   New York, N.Y. 10017, Tuesday, March 9, 1971★   WEATHER: Sunny, windy and cool.

JOE WINS BY DECISION

Muhammad Ali grimaces as Joe Frazier lands long left to face during early going of THE FIGHT at Garden.
Story Begins on Back Page; Other Pictures Back Page and Centerfold

Mais le prodigieux talent sémantique de ce surdoué n'aurait pas suffi à faire tomber le gros Liston, s'il n'avait pas, aussi, au bout de ses poings, de quoi « *sting* » — ce qui veut plutôt dire piquer que frapper — et de quoi déstabiliser un être, Liston, que rien n'avait préparé à rencontrer une telle fulgurance. L'œil aqueux, le corps soudain impuissant, la lenteur et la lourdeur, l'incapacité de faire mal à l'autre, l'incrédulité face à cet athlète insaisissable, ce perpétuel mouvement qui touche juste et qui irrite, puis cogne, et puis décoche le coup qui accède à cette partie du cerveau sans laquelle on ne peut plus rester debout — bref, c'est une déroute, elle dure à peine quelques rounds, et voilà Clay parti pour la gloire. Et pour son destin. Il se convertit à l'islam, change de nom, devient une icône pour la communauté noire, refuse d'aller au Viêtnam, se voit viré de la boxe, privé de passeport, puis réintégré. Entre-temps, il est passé au statut de légende vivante planétaire. Et puis il y a ce 30 octobre 1974, au stade Tata Raphaël de Kinshasa au Zaïre, au cours duquel il déjoue tous les pronostics et remporte la ceinture de champion du monde contre George Foreman — un autre colosse soi-disant « imbattable » — mais à nouveau battu, comme Liston, dix ans auparavant. Avec cette géniale tactique : être resté dans les « *ropes* », les cordes, avoir encaissé maints et maints coups, avoir laissé Foreman s'épuiser pour ensuite, en trente secondes avant la fin du huitième round, décrocher une série de combinaisons suffisantes pour abattre Foreman, qui ne s'en est jamais remis.

Sa personnalité m'avait passionné. Lorsque, après ses trois années d'interruption pour cause de refus de servir au Viêtnam, on annonce qu'il va revenir sur les rings pour tenter de reconquérir son titre face à Joe Frazier, à New York, je demande au responsable du *Journal du Dimanche* de l'époque, le regretté René Maine, de m'y envoyer. René, comptable de ses sous, dit qu'il ne peut pas me payer le voyage. Qu'à cela ne tienne ! J'achète le billet de ma poche et je me pointe à New York. J'y rencontre deux amis bien placés, qui me font assister à une conférence de presse improvisée d'Ali. Je m'approche de lui et vais lui toucher le coude. Il sursaute, et j'ai la sensation d'avoir reçu comme un choc électrique. Il me tourne le dos et reprend ses déclarations quant à sa certitude de gagner. Il respire la sûreté de soi, au point que cela finit par troubler. Aurait-il peur ? Est-ce du « cinéma » ? On susurre qu'il n'est pas suffisamment bien préparé. Plus tard, autour d'un déjeuner très arrosé dans la 3ᵉ Rue, on fait un tour de table. Dix hommes sur douze parient sur Ali. Le soir, au Madison Square Garden, en présence de Sinatra et quelques autres stars du showbiz américain, je vais voir Ali souffrir, tomber deux fois de suite, ce qui ne lui était encore jamais arrivé, se relever, prendre des coups autant qu'il en donnera, mais finir par succomber, perdant aux points en quinze reprises face à Joe Frazier, la locomotive, l'homme qui paraissait dégager de la fumée en combattant. Ali n'avait pas réussi son come-back. J'eus le privilège, grâce aux amis initiés qui m'avaient cornaqué pendant tout mon séjour, d'apercevoir, l'espace d'une porte qu'on ouvre, puis que l'on referme, Ali, en peignoir, assis sur une table de massage, dans sa loge après la défaite. Une image éclair, quelques secondes. Il avait l'air d'un enfant que l'on vient de punir et qui ne trouve pas cela juste. Je ne l'ai jamais autant aimé qu'à ce moment-là.

L'avantage
d'être intelligent

Woody Allen
1935, New York

Très occupé, l'homme qui tourne un film par an, et ne pourrait le faire si le public européen, et particulièrement le cinéphile français, ne lui fournissait, au *box office*, des résultats commerciaux que le *moviegoer* américain lui refuse. Il reçoit les journalistes à la chaîne, onze minutes chacun, pas plus, dans une chambre d'hôtel cinq étoiles du 8ᵉ arrondissement de Paris, le chronomètre entre les mains d'une sévère attachée de presse. On a juste le temps de constater que Woody Allen ressemble bien à Woody Allen: sapé comme un prof d'université de la côte est, bégayant et hésitant, honnêtement convaincu qu'il n'est rien par rapport à Fellini ou Bergman, courtois, très courtois, le regard un peu las derrière d'épaisses lunettes, mais s'éveillant quand une question lui paraît plus originale que toutes celles, si convenues, qu'il a eu l'indulgence d'écouter. Les dix minutes écoulées, *good-bye, Woody.*
Ce n'est pas grave: on l'aime et on l'aimera, quoi qu'il arrive, « *whatever works* », comme dit un de ses moins bons films. Parce qu'il nous a enchantés avec *Annie Hall*, émus et charmés avec *Manhattan*, intrigués avec *Match Point*, épatés avec *The Purple Rose of Cairo* et nous a plongés dans la nostalgie poétique de *Radio Days*. Parce qu'il possède un goût pour l'aphorisme et la répartie qui renvoient à l'humour juif américain des Marx Brothers, de Philip Roth, de Jerry Seinfeld ou de Lenny Bruce. Parce que, si vous alliez l'écouter jouer de la clarinette au Carlyle, vous étiez attendri par le sérieux avec lequel il s'offrait ce plaisir d'enfant, entouré de quelques amateurs comme lui. Parce qu'il y a séquences et répliques, regards et incises dans chacun de ses films, des moments de grâce, une approche de l'existence empreinte de sagesse et d'autodérision. Parce qu'il n'a jamais cédé à la commercialité et s'en est toujours tenu à la ligne qu'il avait tracée, construisant son œuvre, obsessionnellement, la répartissant entre le désespoir et la joie. Woody qui écrit: « L'avantage d'être intelligent, c'est qu'on peut toujours faire l'imbécile, alors que l'inverse est tellement impossible. »

Ci-dessous
Portrait de Woody Allen à la fin des années 1950. L'humoriste débute sa carrière à New York, sa ville natale, en écrivant des blagues pour des journaux, alors qu'il n'a pas 20 ans.

Page de droite
Woody Allen avant la mise à feu d'un canon de guerre. Image tirée de sa comédie Guerre et Amour (Love and Death), *film sorti en 1975. Une – très – libre adaptation de* Guerre et Paix *de Léon Tolstoï, qui se déroule durant la campagne napoléonienne de Russie. Photographie d'Ernst Haas.*

« *L'AVENIR EST LA SEULE CHOSE QUI M'INTÉRESSE, CAR JE COMPTE BIEN Y PASSER LES PROCHAINES ANNÉES.* »

Woody Allen

Woody Allen à la clarinette, avec son groupe de jazz New Orleans. Le réalisateur nourrit une passion pour cette musique depuis ses plus tendres années. Il a réalisé deux albums et se produit régulièrement, comme ici à l'Apollo de Londres, en 2004. Photographie de Fred Duval.

le rend attachant. « Louie » n'est pas une potiche. Armstrong ne va pas seulement s'imposer comme le merveilleux interprète de *Cornet Chop Suey, Heebies Jeebies* (où il invente le « scat », les onomatopées qui ne veulent rien dire) ou de *When the Saints Go Marching in*. Il possède aussi, et surtout, la stature d'un grand artiste, un champion, une star qu'on aime pour son sourire, le velours mélangé au gravier de sa voix, cette sonorité unique avec laquelle il diffuse des notes qu'on n'entendra plus jamais de la même façon. J'aime le moment où, mouchoir à la main, il arrête de jouer, baisse le bras qui tenait sa trompette, et se met à chanter de cette voix pleine, riche, ludique et évocatrice. La voix de « Louie », à qui un Français, Claude Nougaro, saura si bien rendre hommage, c'est tout simplement la voix du jazz. Il fait tout : du cinéma, des tournées (trois cents par an), il enregistre des disques à la pelle ; il conquiert l'Europe, et il soutient Martin Luther King. Il portera une étoile de David, autour du cou, toute sa vie, parce qu'une famille juive, les Karnofskys, l'avait hébergé et aidé quand il crevait de faim, à l'époque où il faisait des allers et retours dans les centres de détention pour délinquants juvéniles. C'est tout cela que j'entends grâce à sa trompette, son timbre, sa jovialité, sa vigueur. « Satchmo », inventeur et traverseur

de lignes. J'aime, en gros plan, observer ses doigts presque cassés appuyer sur les pistons. C'est alors que ses joues se gonflent, ses gros yeux ronds semblent s'écarquiller, il paraît entièrement habité par la force du jazz, la joie de jouer, la jouissance de tirer de ce petit instrument une sonorité qui raconte une vie, un art, une famille musicale. Cet homme mûr n'est jamais loin du petit garçon qui traînait dans les bouges de New Orleans, et sa musique vient me dire tout cela, moi qui suis « blanc de peau », pour citer la belle chanson de Nougaro. Le poète de Toulouse criait : « Allez Louie, Alléluia ! »

« JE VOIS DES CIEUX BLEUS / ET DE BLANCS NUAGES / L'ÉCLATANT JOUR BÉNI / LA SOMBRE NUIT SACRÉE / ET JE ME DIS TOUT BAS / QUEL MONDE MERVEILLEUX. »

Louis Armstrong,
What a Wonderful World

« Le jour où le gamin d'en face ira sur la Lune »

Neil Armstrong

1930, Wapakoneta, Ohio – 2012, Columbus, Ohio

Plusieurs points au sujet de Neil Armstrong, le premier homme qui posa ses deux pieds sur la Lune. Et qui ne s'en remit jamais – jamais vraiment.

Nous savons tous où nous étions cette nuit-là, 3 h 56, heure française, le 21 juillet 1969 – 21 h 56, heure de Houston, au Texas, centre de contrôle de la NASA. Les gens – jeunes et vieux – qui étaient en mesure de regarder la télévision ce soir-là s'en souviennent. Ceux qui n'étaient pas devant leur poste s'en souviennent aussi. Avec la mort de Kennedy, c'est l'événement qui cristallise le plus les souvenirs : « Oui, j'étais là, et je faisais ceci et cela. Oui, ça m'a fasciné. Ça n'a pas changé ma vie, mais cela m'a, peut-être, incité à une réflexion sur ma place dans l'univers. »

Décidément, les sixties ! Cela se passe en 1969, un an après la rébellion mondiale de Mai 68, six ans après la mort de JFK, qui lança le pharaonique projet d'envoyer un Américain sur la Lune. Cela se passe un an avant la fin d'une décennie capitale, au cours de laquelle les mœurs, la culture, le discours, le rapport jeunes-adultes, se transformèrent – au moins dans la majeure partie du monde que l'on dit occidental. Une décennie d'assassinats politiques ; d'enlisement américain dans une guerre (le Viêtnam) qui va amorcer le déclenchement de ses ennuis économiques ; des premiers signes avant-coureurs de ce qui finira, plus tard, à faire tomber le mur de Berlin et déchirer les rideaux de fer qui emprisonnaient ce qu'on appelait injustement « L'Europe de l'Est ». Arrêtons là, car toute décennie comporte son lot d'événements et de basculements qui contredisent le titre futur de Fukuyama, *The End of History.* (Ce titre est un leurre, car sur le fond, le jeune philosophe hégélien asiatico-américain que

j'avais rencontré à Washington n'a pas eu tort – mais c'est un autre débat.) Certes, certes, mais que cette décennie, sinon « magique », du moins capitale, se termine par l'alunissage d'hommes revêtus de combinaisons argentées, me semble adéquat. Pourquoi Armstrong et pas un autre ? Si la NASA l'a choisi, parmi toute une brigade de pilotes sélectionnés pour devenir astronautes, ces professionnels immortalisés par Tom Wolfe dans *L'Étoffe des Héros*, c'est que Armstrong possédait, au plus haut point, en dehors de ses capacités techniques et son savoir-faire, un sang-froid à toute épreuve. Une formule court souvent dans ce livre, à travers les portraits de « mes Américains », de A (comme les deux Armstrong, le jubilant trompettiste noir et le modeste héros planétaire blanc) jusqu'à W (comme l'architecte grandiose Wright et le malicieux cinéaste Billy Wilder), c'est la légendaire règle de vie américaine : *grace under pressure* (« la grâce sous la pression »). Au cours des soixante-dix-huit missions pendant la guerre de Corée, Armstrong s'éjecte sans dégâts de son appareil après avoir percuté un câble antiaérien. Plus tard, il ramène le vaisseau de la mission *Gemini 8* sur Terre en catastrophe – et sans dégâts humains. Le 20 juillet 1969, à bord du module lunaire *Eagle*, l'ordinateur sonne l'alarme, saturé par trop d'infos. Armstrong décide sans hésiter de prendre lui-même les commandes de l'appareil et réussit à le poser dans une zone plus plate que celle prévue. Il a sauvé la mission du désastre. À leur immense soulagement, les contrôleurs de Houston entendent la voix étrangement calme d'Armstrong dire : « *The Eagle has landed.* » Le 21 juillet, il prononce une phrase bien

L'astronaute américain Neil Armstrong assis dans une capsule spatiale de simulation durant l'entraînement pour le projet Gemini 8. Il a été nommé commandant de cette sixième mission habitée le 20 septembre 1965. Elle avait deux objectifs : effectuer un rendez-vous et un arrimage avec une fusée-cible et faire une sortie extravéhiculaire de plus de vingt minutes. Photographie de Ralph Morse.

plus célèbre : « Un petit pas pour l'homme, un bond de géant pour l'humanité. »

Son caractère. Modeste. Méthodique. Fier. Peu porté à la fantaisie ou l'exubérance. Né dans un patelin de l'Ohio, Wapakoneta, il en a conservé la sobriété de ton et de comportement, le goût de la discrétion, cette placidité qui protège, cette rigueur paysanne. L'événement dont il est le héros va faire de lui un roi courtisé, réclamé, décoré, poursuivi par la presse entière. Il va alors se claquemurer dans le silence, cherchant un anonymat impossible mais que, grâce à son tempérament obstiné et procédurier, il parviendra à maintenir. Sa première épouse avoue néanmoins que « la Lune lui est montée à la tête ».

Il n'est pas le seul parmi ce nombre d'astronautes qui, comme lui, ont foulé une autre surface que celle de la Terre. On en compte exactement douze. Qui se souvient de ces noms : Scott, Irwin, Young, Duke, Mitchell et tous les autres ? La plupart d'entre eux, une fois sortis de la NASA, ont mené des vies insolites, effectuant des choix inattendus, s'abandonnant à des activités incongrues et marginales. On ne marche pas inopinément sur la Lune. On en revient autre, quel que soit l'apparent degré de modération et de normalité qui s'affichait sur ces visages typiques de militaires américains, le cheveu court, le regard droit, la démarche de cow-boy. Armstrong n'a pas échappé à ce malaise, incapable d'assumer le fardeau trop lourd d'une odyssée sur ses épaules de bon gars de l'Ohio. Il n'empêche : sous la « pression », il a été impeccable. Parcours sans faute. Historique.

Mais qui était donc monsieur Gorsky ?

Parmi les mystères entourant la personnalité de ce héros apparemment sans mystère, il y a la curieuse phrase qu'il lance avant de remonter dans la cabine du module lunaire *Eagle*. Armstrong, avec Buzz Aldrin, a recueilli vingt et un kilos d'échantillons de roches au bout d'une présence de 2 heures et 32 minutes sur la Lune. Il va grimper dans l'appareil et c'est alors qu'il dit : « Bonne chance, monsieur Gorsky. » S'adressait-il à un rival soviétique ? Il n'y a aucun Gorsky chez les cosmonautes russes. Un humoriste nommé Hackett a prétendu avoir percé le secret derrière cette phrase sibylline : quand il était gamin, le petit Neil Armstrong aurait égaré un jour son ballon de basket dans le jardin d'un voisin, Mr Gorsky. Il va pour le récupérer et entend Mme Gorsky dire à son époux : « Tu veux que je te fasse une gâterie ? Tu peux toujours courir. Je t'en ferai une le jour où le gamin d'en face ira sur la Lune. » C'est trop drôle – et trop beau – pour être vrai. Armstrong a tout nié, mais n'a jamais voulu donner une seule explication, et nous ne savons pas plus qui est le véritable Neil Armstrong que nous connaissons l'identité de l'énigmatique monsieur Gorsky.

Page de droite
Vue de la Terre apparaissant au-dessus de l'horizon lunaire. Une image prise durant la mission Apollo 11. Le pilote Michael Collins est resté en orbite autour de notre satellite tandis que Neil Armstrong et Edwin Buzz Aldrin évoluaient sur la surface lunaire. Les astronautes ont rejoint la Terre, sans dommage, le 24 juillet 1969.

Pages suivantes à gauche
Neil Armstrong, Edwin Buzz Aldrin et Michael Collins sous une pluie de confettis de parade à New York City, le 13 août 1969, en compagnie du maire de la ville, John Lindsay. L'Amérique fête le retour des héros de la conquête spatiale qui souligne, en pleine guerre froide, la supériorité technologique des États-Unis sur l'Union soviétique.

Pages suivantes à droite
Empreinte du premier pas humain sur la Lune du 21 juillet 1969. Quand Neil Armstrong pose sa botte sur la surface poudreuse, il déclare la phrase relayée par toutes les télévisions terriennes : « C'est un petit pas pour l'homme mais un bond de géant pour l'humanité. »

Ci-Contre
Juin 1969 : dans le module de simulation, Neil Armstrong se prépare à la mission Apollo 11 qui va être lancée le 16 du mois suivant, et à devenir ainsi le premier homme à marcher sur la Lune.

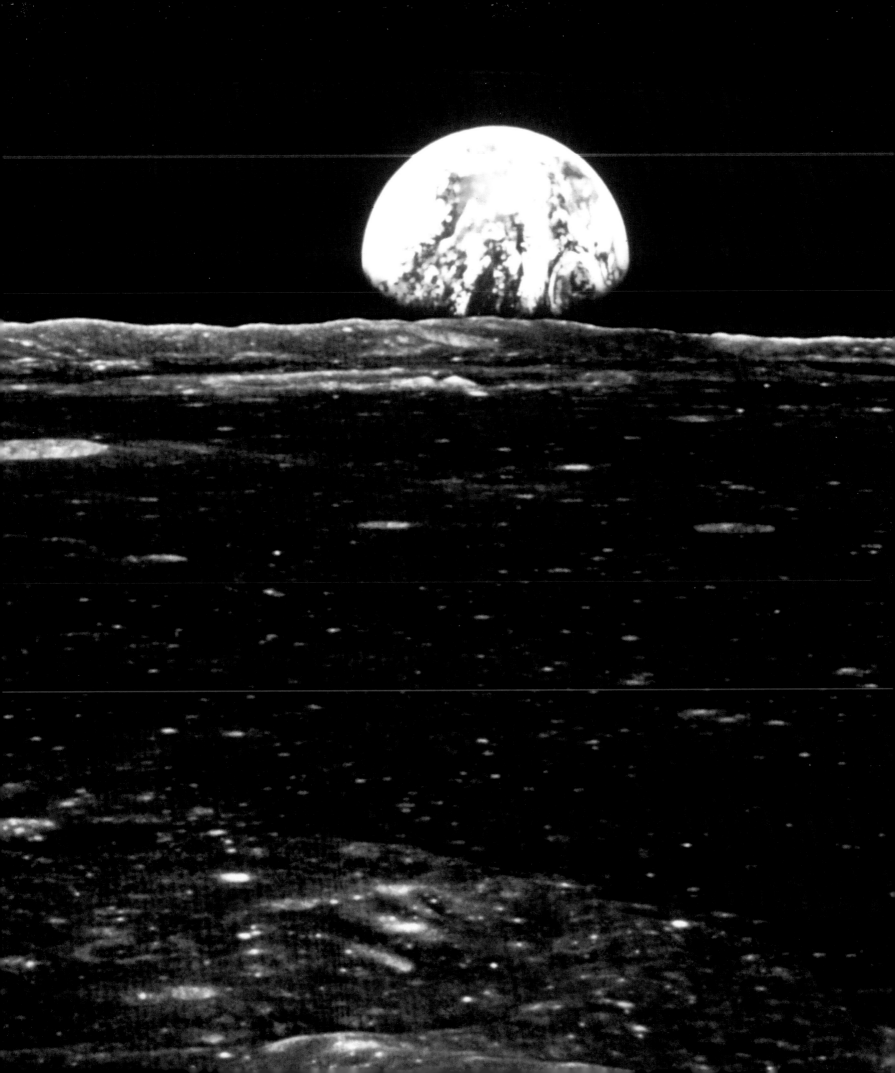

Le rêve, la légèreté,
la bulle de savon, le cristal, le champagne

Fred Astaire
1899, Omaha, Nebraska – 1987, Los Angeles, Californie

Le perfectionnisme n'est jamais qu'un synonyme de l'anxiété, l'insatisfaction. Fred Astaire, né Austerlitz, répétait huit heures par jour, lorsqu'il ne tournait pas. Ça commençait à 5 heures du matin. Ce type était un maniaque, un malade du geste sans défaut, le genre d'homme qui, dans un autre métier, aurait nettoyé ce qui est propre, récuré ce qui a déjà été purifié plusieurs fois, repassé cent fois la peau de chamois sur le capot d'une limousine déjà étincelante. Un allumé, un dictateur de sa propre conduite, il se fustigeait intérieurement, rien n'était jamais trop au point, trop nickel chrome, trop immaculé. Le geste de mains, le tour de hanches, l'ébouriffante série de virevoltes et d'acrobaties, les claquettes qui claquent, dans un univers d'artifice, de chapeaux haut-de-forme et de smokings, dont le noir vous aveuglait autant que le blanc, des filles vêtues comme pour un éternel mariage, des escaliers construits comme des cascades, la musique des années 1920, 1930 et 1940, celles des difficultés et des crises, de la dépression économique, du chômage et des gamelles de soupe distribuées par l'Armée du Salut : eh bien oui, dans cette atmosphère parfois désespérée, Fred Astaire incarnait le rêve, la légèreté, la bulle de savon, le cristal, le champagne, ce qui ne dure pas – et cependant, il durait. Dans cinquante ans, on dira encore son nom, qui efface tous les autres. À Hollywood, je ne sais quel imbécile, dans un premier *report* à propos de ce danseur – dandy déjà anglicisé par un séjour à Londres où, avec sa sœur Adèle, qui fut sa première partenaire, il avait séduit toute l'aristocratie, et jusqu'à la cour royale –, à Hollywood donc, quand ce prodige de la danse débarqua pour un essai, je ne sais quel crétin avait écrit sur une fiche : «Perd ses cheveux. Peut pas chanter. Danse un petit peu.»
On oubliera et l'on se reportera plutôt vers David O'Selznick, prodigieux producteur qui savait renifler le talent lorsqu'il le rencontrait – c'est l'homme de *Autant en emporte le vent*. Il vit immédiatement, lui, que Fred Astaire possédait, en dehors de son habileté, son adresse et sa science – car à ce stade, il faut parler de science – un charme singulier. Le charme, ce don venu du ciel. Ce qui ne se fabrique pas. Selznick est resté, entre autres raisons, célèbre pour ses «mémos», qu'il ne cessait de dicter à ses collaborateurs, ses scénaristes et ses réalisateurs. À propos d'Astaire il déclara : «Malgré ses énormes oreilles et son menton mal défini, cet homme est sensationnel. Son charme est tellement *tremendous* qu'il transperce la toile.» J'ai hésité à traduire *tremendous*, il y a plusieurs possibilités : remarquable - extraordinaire - immense. Eh bien voilà, à partir de cette date (on est en 1933), le *tremendous* Fred Astaire va danser sur les écrans de l'Amérique, époustouflée, subjuguée par la virtuosité de ses jambes, l'énergie et la vivacité de ses mouvements, et surtout, au-dessus de tout, l'impression qu'il donnait que tout cela était facile, enfantin, à la portée du premier venu.
Avec lui, la grande période des comédies musicales, l'âge d'or d'un cinéma détaché du réel, va dominer le *show business*. Fred Astaire et Ginger Rogers (dont les pieds étaient ensanglantés à la fin des répétitions que ce forcené exigeait de toutes ses partenaires) vont écrire l'histoire d'un genre spécifique. L'écran d'argent devenait platine. Astaire rendait heureux, enthousiasmait, entraînait dans un rêve de virtuosité et de magie. En trente ans, de 1920 à 1950, cette forme d'art purement américaine aura constitué une des constructions les plus originales de ce qu'on appelle encore là-bas *entertainment* – la distraction. Il existe un enchantement à la Astaire, du «glamour», et un mystère qui ne s'explique ni par le talent ni par le travail – comme si cet homme avait été touché par un doigt céleste.

*Portrait de Fred Astaire tiré
de* L'amour vient en dansant
*(*You'll Never Get Rich*) réalisé
par Sidney Lanfield, sorti sur
les écrans en 1941.
C'est le musicien Cole Porter
qui compose la partition de
ce film musical basé sur des
intrigues amoureuses, et dans
lequel Fred Astaire partage
la vedette avec Rita Hayworth.*

ASTAIRE & ROGERS DO THE YAM

AUGUST 22, 1938 **10** CENTS

REG. U. S. PAT. C

Ci-contre

Ginger Rogers aux mains de Fred Astaire sur la couverture du magazine Life *du mois d'août 1938, à l'occasion de la sortie d'*Amanda (Carefree)*, réalisé par Mark Sandrich, huitième et avant-dernier film du joyeux tandem.*

Page de droite

Ginger Rogers et Fred Astaire dans Sur les ailes de la danse *(*Swing Time*) de George Stevens, sorti en salle en 1936. C'est dans ce film musical que Fred Astaire chante à sa partenaire* The Way You Look Tonight, *air devenu très populaire aux États-Unis et ayant reçu l'oscar de la meilleure chanson originale, en 1937.*

« JE NE FAIS PAS L'AMOUR EN EMBRASSANT, *MAIS EN DANSANT.* »

Fred Astaire

Eleanor Powell s'envole dans les bras de Fred Astaire dans le film musical Broadway qui danse *(*Broadway Melody of 1940*) de Norman Taurog, sorti en 1940.*

NG. 71

Un regard magnétique

Richard Avedon

1923, New York – 2004, San Antonio, Texas

Pendant la Seconde Guerre mondiale, Avedon, encore jeune et déjà photographe, fut affecté au service de photos des autopsies. Ce fait est peu connu de tous ceux qui, plus tard, l'ont considéré, à raison, comme l'éblouissant photographe de mode, l'excellent portraitiste de toutes les célébrités possibles – mais j'ai toujours retenu cette information : deux ans à photographier des cadavres. Est-ce durant cette expérience dans la marine marchande que, à dix-neuf ans, Richard Avedon, juif américain d'origine russe, vit naître son exigence d'aller chercher plus loin que la Factory d'Andy Warhol ou les défilés glamour pour *Vogue*, et d'aller voir la mort de près ? Ses photos les plus mémorables ne sont pas, selon moi, celles de Marilyn ou Samuel Beckett, mais son travail d'une honnêteté et d'une profondeur saisissantes auprès de malades dans les hôpitaux psychiatriques, des victimes

du napalm en Asie du Sud-Est, ou de son propre père en train de se battre contre un cancer qui va le ronger jusqu'à la fin. La force singulière de l'art d'Avedon réside là, dans son tableau de l'être humain aux prises avec la grande question. Avec son « regard magnétique », qui semblait capable de percer un visage pour le comprendre mieux qu'il ne se comprend lui-même, ses images réalisées sans artifices, Avedon va devenir un classique. Il n'existe pas de plus violent et surprenant exemple de son art que sa série sur l'Ouest américain. Pendant cinq ans, Avedon, l'enfant chéri du petit monde des initiés friqués de New York, Milan ou Paris, va sillonner *The American West*, celui des vagabonds, des serveuses de *diners* perdus sur les routes secondaires, des ouvriers temporaires, mineurs, pétroliers, *truck drivers*, une humanité de souffrances, d'épreuves quotidiennes, de faim, privations, sécheresse des terres arides, masques creusés par la cruauté de l'exclusion sociale, hantés par le vide, le manque, l'inanité des choses. Cent vingt-quatre gros plans choisis parmi plus de sept cents portraits arrachés au réel dans dix-sept États de l'Ouest. Un chef-d'œuvre. Aussi puissant et révélateur de la vérité multiple de l'Amérique que fut, avant lui, un autre immense découvreur du pays profond : le pionnier Robert Frank. L'envers du « rêve américain ».

Page de gauche
Richard Avedon en 1963, portrait réalisé à New York par son confrère Alfred Eisenstaedt. Cette année-là, Avedon s'est consacré à couvrir, dans le sud des États-Unis, le mouvement des droits civiques.

Ci-contre
Jack Manning, photographe au New York Times immortalise Richard Avedon, en 1985, devant un de ses clichés Employé de ranch au chômage, *images tirées de son célèbre livre sorti la même année,* In the American West. *De magnifiques portraits en noir et blanc de ses concitoyens.*

L'autre nom
du rock'n'roll

Chuck Berry
1926, Saint Louis, Missouri

Quand le Beatles à lunettes, John Lennon, parlait du rock'n'roll, il disait: «Si vous voulez appeler ça d'un autre nom, alors dites Chuck Berry.» Ce n'est pas faux. Certes, il n'existe pas un créateur unique du rock — les racines et les sources sont diverses — mais Chuck en est le porte-fanion, le premier représentant du mariage entre le boogie-woogie et le blues. Ce grand Noir à l'allure invraisemblable a marqué des millions de gamins et décidé du destin des Rolling Stones, des Beatles, et tous les groupes, guitaristes, chanteurs américains du milieu des années 1950. Tellement jaloux de son rôle historique qu'un jour, alors que Jerry Lee Lewis se proclamait «*King of Rock'n'Roll*», Chuck lui a balancé son poing sur le nez. Typique de Chuck Berry, dont toute la vie est parsemée d'incidents, ennuis avec la justice pour ses écarts de conduite avec des teenagers un peu trop *teen*, ses abus d'alcool et de drogue, sa violence à l'égard de ses musiciens. Mais qu'importe: son oreille pour les cassures de rythme, la créativité de ses jeux de mots, son style à la guitare électrique, avec des breaks, des swings, des allers et des retours, du rock et du roll, des lignes de solo simples et harmonieuses, ce son qui paraît si naturel à peine on l'entend, ont plus d'impact et d'importance, plus d'influence que son erratique comportement dans la vie. *Maybellene, Roll Over Beethoven, Nadine*: des tubes, rien que des tubes. Et puis, il y a le *duck walk*, cette marche en canard, genou en l'air, pied tendu, la guitare entre les mains, traversant la scène de l'Olympia sous nos yeux effarés

et ravis, la première fois que nous le vîmes, cette parodie et ce numéro de cirque, alliant le comique à la frénésie musicale. Ce qui, en dehors de ses qualités propres, le différencie de Little Richard ou Fats Domino, et qui va séduire, dès lors, toute la population jeune et blanche. Un briseur de barrières, Chuck, une sonorité qui ne vieillira pas — la marque des grands.

Une image qui ressemble à un moment de solitude pour Chuck Berry, en tournée à Copenhague, en 1965. Photographie de Jan Persson.

C'est Chuck Berry
qui a inventé
le duck walk,
ou marche en
canard, qu'il
effectue en faisant
ses solos de
guitare – sautant
sur un pied tout
en avançant tandis
que l'autre jambe
se balance, d'avant
en arrière.
Cette danse a fait,
depuis, bien des
émules parmi les
groupes de rock.

Humphrey Bogart et Ingrid Bergman dans Casablanca, mélodrame réalisé par Michael Curtiz, en 1942. Bogart y interprète le rôle de Rick Blaine, Américain désabusé et expatrié dans la capitale marocaine alors sous l'autorité de Vichy.

Page de droite
Le couple Humphrey Bogart et Lauren Bacall chez eux, en mai 1945, mois durant lequel ils se marièrent. Quatrièmes et heureuses noces pour l'acteur. Ils jouèrent souvent ensemble, comme l'année suivante dans Le Grand Sommeil (The Big Sleep) de Howard Hawks, adapté du livre de Raymond Chandler par plusieurs scénaristes, dont William Faulkner.

Double page suivante à gauche
Portrait d'Humphrey Bogart réalisé dans un studio de Chicago dans les années 1920. C'est dans cette période qu'il débute sa carrière d'acteur, sur les scènes des théâtres de Brooklyn et de Broadway.

Double page suivante à droite
Humphrey Bogart lève les voiles de l'Albatros dans le cadre d'une régate du Club nautique Newport. À le voir ainsi manœuvrer, on pense à sa prestation dans L'Odyssée de l'African Queen (The African Queen) de John Huston, sorti en 1951. Photographie de John Florea, 1942.

Le pouce qui passe sur les lèvres,
le trench-coat, le flingue

Humphrey Bogart
1899, New York – 1957, Los Angeles, Californie

« Bogie », c'est le meilleur exemple du « dur » au cinéma, le « privé » ou le gangster, flic ou renégat. À travers lui, je rends hommage à John Huston et Howard Hawks ; aux meilleurs auteurs de romans qui n'étaient pas seulement des « polars », mais les œuvres de grands écrivains ; à la sensationnelle période du « film noir » qui va, en gros, de la fin des années 1930 à la fin des années 1950 – toute une culture véhiculée par ce petit homme au visage unique. Les rides parallèles sur un front large, l'œil à la fois triste et ironique, les lèvres sur lesquelles il fait passer son pouce ou son index – geste mythique –, la voix cassée par le tabac et le whisky, et l'impression qu'il donne d'une certaine rectitude morale, une éthique. Avec lui, grâce à lui, le cinéma américain va trouver une sorte de symbole de la résistance, le combat pour la liberté. Dans *To Have and Have Not*, *Casablanca*, *The Maltese Falcon*, *Deadline-USA*, il incarne l'individu attaché aux valeurs des années 1940, quand il fallait lutter contre toutes les formes d'oppression, refuser la corruption, choisir le courage. Ce gosse de riche, passé par la guerre de 14-18 dans la marine, devient, sublimé par des scénaristes qui l'adorent, le rôle-modèle d'un certain type d'Américain idéalisé – humour, flegme sous la pression, refus de l'intolérance, sens de la justice. C'est un « démocrate ». Il a su s'opposer au maccarthysme. Et puis, il épouse Lauren Bacall, la plus belle représentation de la femme de l'époque. Ensemble, ils irradient. Il avait trouvé son uniforme – le trench-coat et le chapeau mou, et il savait tenir un flingue mieux que personne. Il prononçait : « *Over here, Canino* » dans la dernière bobine de *The Big Sleep*, avant d'abattre le tueur

portant ce nom étrange. Alors, on y croyait, on voulait lui ressembler quand, adolescents, on avait découvert cet acteur qui avait l'intelligence de ne jamais trop parler de son talent, mais simplement, de l'exercer avec lucidité et professionnalisme. « Bogie », murmure Belmondo devant son portrait dans *À bout de souffle*, en imitant son fameux geste du pouce.

> « *DE TOUS LES BARS DE TOUTES LES VILLES DU MONDE, IL A FALLU QU'ELLE ENTRE DANS LE MIEN.* »
>
> Humphrey Bogart dans *Casablanca*

Indomptable
De la lumière aux ténèbres

Marlon Brando

1924, Omaha, Nebraska – 2004, Los Angeles, Californie

Page de gauche
Marlon Brando et
Maria Schneider
dans Le Dernier
Tango à Paris
(Ultimo tango
a Parigi) du
réalisateur italien
Bernardo
Bertolucci, sorti
en 1972. Le film,
dans lequel joue
aussi le Français
Jean-Pierre Léaud,
fit scandale à
l'époque dans
toute l'Europe
et fut interdit en
France aux moins
de 18 ans,
pour ses scènes
érotiques.

Quel monstre ! Quel beau gosse ! Quel palmarès !
Entre le superbe Stanley Kowalski de *Un tramway
nommé Désir* et le démentiel sanglant Kurtz au crâne
rasé d'*Apocalypse Now*, des décennies plus tard, entre
le jeune mâle qui fascinait les hommes et les femmes
dans son blouson de cuir de *L'Équipée sauvage*, et
l'impressionnant *Godfather* (*Le Parrain*), nul n'a besoin
de choisir. Il faut tout prendre. Tout ou rien. Brando,
qu'on surnommait Bud quand il était un gamin rebelle
et indomptable, crédibilise et transcende tous ces
personnages. Même dans ses pires films alimentaires,
même dans les courts passages qu'il faisait sur la fin
de sa carrière pour entretenir enfants, petits-enfants,
maîtresses, épouses successives, îles dans le Pacifique,
extravagances diverses, procès, avocats, agents,
sycophantes de toutes sortes (un roi a toujours une
cour, et à sa manière, ce type est un roi), Brando
ne laisse jamais indifférent. Il coupe le souffle, plutôt.
Il arrête l'œil.
Il déteste toute contrainte. Cela date de sa jeunesse,
quand il a été envoyé de force dans une académie
militaire, Shattuck, dans le Minnesota. Il a seize ans.
La cloche de la tour l'obsède, l'exaspère, symbole
de l'autorité. Elle sonne l'heure, le quart, la demie,
les cours et les repas, le coucher et le lever. Ça le rend
malade. Il est costaud, Bud, déjà bien bâti, et il
possède des ressources de vitalité sans égales.
Une nuit, tout seul, il grimpe au sommet de la tour
de Shattuck, parvient à décrocher le battant qui pèse
plus de 70 kilos et l'enterre à deux cents mètres de
là. Personne ne l'a vu, entendu. Le lendemain matin,
raconte Bud, « un merveilleux silence régnait dans

l'école ». D'un seul coup, les horaires, la régulation,
la routine, les tâches à accomplir étaient bouleversés.
On cherche le coupable, on invite à la délation et Bud,
diabolique d'habileté, annonce qu'il va créer un comité
d'enquête. Personne n'a découvert la vérité, mais avec
ce genre de geste, on voit poindre ce qui deviendra
un des acteurs les plus marquants de son temps :
le refus de l'ordre établi, la décision solitaire, la force
pure, l'audace, le mensonge, c'est-à-dire la comédie
et la manipulation.
Il faut s'arrêter aussi à ces passages, dans une vie
tumultueuse, jalonnée de films et de rôles qui font
de lui une idole admirée dans Hollywood (James Dean
le jalousait, aurait voulu l'impressionner, Brando

À droite
Marlon Brando,
dans le rôle du
colonel Kurtz dans
Apocalypse Now,
le chef-d'œuvre
de Francis Ford
Coppola. Sorti
en 1979 dans les
salles, le film
est Palme d'or au
Festival de Cannes
la même année.
Le colonel Kurtz
incarne à lui seul
toute la folie
sanguinaire de la
guerre moderne.

Un moment de détente pour
Marlon Brando sur le plateau
du tournage en 1949
de C'étaient des hommes
(The Men) réalisé par Fred
Zinnemann à Los Angeles
et sorti un an plus tard.
L'histoire d'un lieutenant
blessé durant la guerre et
qui ne retrouve plus l'usage
de ses jambes.
Photographie d'Ed Clark.

l'avait toisé du regard, une seule fois au cours d'une cocktail-party, comme pour un enfant venu déranger les grandes personnes, et Jimmy en avait fait une maladie), ces moments où, comme tout acteur, aussi étonnant fût-il, Brando connut sa «traversée du désert». Il n'était plus *bankable*. Trop imprévisible, capricieux, violent, avide. Il ne tournait plus beaucoup. Il apprend qu'on va adapter le roman de Mario Puzo, *Le Parrain*, et fait acte de candidature. On lui rit au nez. Alors, avec l'humilité d'un débutant, il demande qu'on lui accorde un *screen test* – un essai pour lequel, malicieux mystificateur, il arrive grimé, alourdi, moustachu, vieilli, méconnaissable ou presque, ayant eu l'idée de truffer l'intérieur de ses joues de rouleaux de Kleenex. Il s'invente une autre façon de parler, joue d'une voix rauque, celle de Vito

Corleone, le célèbre *Godfather*. Il décroche le rôle. C'est un triomphe. Et cela donnera naissance à la formidable trilogie de Coppola. J'ai tendance à croire que, sans Brando, cette illustration de la mafia, parabole de la société américaine, n'aurait pas eu l'impact considérable qu'elle a eu – et continuera d'avoir. Brando, façonnier du cinéma, l'homme qui arrêtait les cloches de l'autorité et imposait le silence sans qu'on sache d'où il était venu.

> **« J'AI ÉCHAPPÉ À L'ARMÉE EN ME FAISANT PASSER POUR UN PSYCHONÉVROTIQUE. ILS M'ONT PRIS POUR UN FOU. QUAND J'AI REMPLI LEUR FORMULAIRE, À LA RUBRIQUE "RACE", J'AI ÉCRIT "HUMAINE". À LA RUBRIQUE "COULEUR", J'AI ÉCRIT "VARIABLE"... »**
>
> Marlon Brando

Ci-contre
Marlon Brando dans le rôle de Johnny Strabler, chef d'une bande d'une quarantaine de motards, «les rebelles noirs», dans L'Équipée sauvage, film réalisé par Laszlo Benedek. C'est toute une génération qui est marquée par ce personnage devenu emblématique de la culture rock. Ce film de «rebelles» fut amputé et censuré dans divers pays.

Page de droite
Marlon Brando et Eva Marie Saint enlacés dans le film d'Elia Kazan, Sur les quais (On The Waterfront) sorti en 1954. Le film a remporté huit oscars, dont deux pour les acteurs principaux. Par deux fois Marlon Brando avait joué sous la direction d'Elia Kazan, en 1951 dans Un tramway nommé Désir (A Streetcar Named Desire) et Viva Zapata! l'année suivante.

L'autre face
du dollar

Al Capone
1899, New York – 1947, Miami, Floride

C'est un racketteur qui se prétendait simplement businessman. C'est un assassin, d'abord tueur lui-même (on disait *rod* à l'époque) pour le compte d'un certain Torrio à Chicago, puis tueur par procuration, puisque ses hommes de main éliminèrent toute compétition, flinguant à coups de mitraillette Thompson tous les rivaux et concurrents – l'apex de cette méthode demeurant le terrible massacre de la Saint-Valentin en 1929, dans le garage de la *SMS Cartage Company*. Al Capone, c'est un voyou, un criminel sans scrupules, une de ces ordures maléfiques dont Chicago et toutes les autres cités furent victimes pendant les années de la prohibition. C'est ce que l'Amérique a offert de pire au reste du monde comme image d'un pays encore sauvage, dérégulé, en proie à la corruption et à la constitution de réseaux parallèles, le pourrissement à tous les étages de la police locale, la justice locale, la politique locale – et ça ne s'arrêtait pas à ce qui était « local ». Alors, va-t-on me dire, pourquoi décider de le faire figurer parmi « mes » 50 Américains ? Est-il possible que sa tronche repoussante de balafré joufflu, syphilitique, égomaniaque, au chapeau noir et aux costumes trop étroits pour sa corpulente silhouette, avoisine

les icônes de votre répertoire ? Oui, précisément, c'est possible, et je n'aurais pu concevoir cette liste sans le natif de Brooklyn venu inventer le racket et le crime organisé dans la « cité des vents » (Chicago). Car il est l'autre face du dollar – le revers d'une civilisation qui admira, avant de le rejeter, cet ingénieux entrepreneur qui calqua son empire du crime sur le système des corporations de Wall Street ou d'ailleurs. Parce que Al Capone, c'est la porte ouverte à toutes les mafias, qui sévissent toujours. Il est le premier authentique « parrain » d'un monde, à peine souterrain, qui a miné, et mine encore – quoique beaucoup moins – la santé apparente d'une démocratie fondée sur des principes de droit et de vertu. Quelque choquante que puisse paraître ma comparaison, si l'on veut bien comprendre la complexité de la société américaine, et le déroulement de son histoire, Al Capone est aussi important qu'un Ford ou un Edison. Ingénieux bâtisseur, visionnaire, manager efficace. Seule consolation : il est tombé pour fraude fiscale. La loi a triomphé du crime. Mais oui, voyons, bien sûr, la loi triomphe toujours du crime.

Page de gauche
Mugshot *d'Al Capone* – photographie policière dans la tradition américaine prise de face et de profil – réalisée lors d'une arrestation à Miami. Le fisc et les enquêteurs tentent à cette époque de le faire tomber, et lui font subir des dizaines d'interrogatoires. Il est inculpé en juin 1931, pour fraude fiscale. Sa balafre n'apparaît pas, curieusement, sur cette photo.

À droite
Scarface, *ou le balafré,* représente toujours aujourd'hui le personnage phare du grand mythe américain célébrant la prohibition et le crime organisé des années 1920. Photographie volée *d'Al Capone sortant d'un immeuble, vers 1925.*

L'Oscar Wilde
de La Nouvelle-Orléans

Truman Capote

1924, La Nouvelle-Orléans, Louisiane – 1984, Los Angeles, Californie

C'était un petit homme méchant et extrêmement talentueux. Il avait été un éphèbe ambigu qui troublait les hommes. Avec sa voix fluette, accentuée par la musique de son Sud natal, il ne dissimulait en rien son homosexualité, convaincu de sa liberté d'être, de penser, et surtout d'écrire – ceci dès l'âge de dix ans. J'aime ses portraits (un long "*profile*" de Brando fut si révélateur que l'acteur fit savoir qu'il éprouvait « un grand désir de le tuer »), et ses nouvelles, romans et chroniques. En vérité, il n'y a rien de médiocre dans son style, la vision de ses contemporains. Sa musique est unique, celle d'un surdoué au regard d'acier et à la sensibilité exacerbée. Je l'ai aperçu une fois, de l'autre côté d'un trottoir, avenue Montaigne à Paris. Il avait l'air d'un lutin indifférent à la banalité des choses, alcoolisé et absent, vêtu comme un dandy, un Oscar Wilde de La Nouvelle-Orléans. Son tournant majeur, ce qui fait qu'il entre de plain-pied dans l'histoire de la littérature américaine, c'est son chef-d'œuvre du « roman de non-fiction », *In Cold Blood*, un de mes livres de chevet. Je reviens souvent sur ce travail d'investigation, de reportage, d'interprétation de la réalité d'un fait divers (le massacre d'une famille dans une petite bourgade du Kansas). Capote a mis six ans de sa vie à interroger sur place, à observer, écouter, noter, comprendre, puis sublimer l'événement en une prose où la poésie se mêle au journalisme. La cadence des phrases et l'évocation des ambiances se rapprochent de Flaubert. Le pathétique et le réalisme, le son d'un train dans la nuit, la solitude d'une femme dans un cimetière, la sobriété d'un flic, la confusion mentale de deux délinquants devenus des tueurs, tout est maîtrisé, composé, tenu, lyrique sans faute de goût, factuel et cependant sentimental. Avec *In Cold Blood*, Capote a créé un genre qui, depuis lors, hante et fascine les écrivains du monde entier.

Et cela efface les comédies mondaines qu'il adora, la superficialité qu'il assuma, la pathétique façon dont il brûla son existence. Le grand livre est là. Le reste ne compte pas.

Page de gauche
Un petit pas de danse sur le trottoir pour le romancier, nouvelliste et dramaturge Truman Capote, paré dans son smoking de gala juste avant la reprise, à Broadway, de la comédie musicale La Maison des fleurs, tirée d'une de ses nouvelles. Photographie réalisée à New York par Larry C. Morris, en janvier 1968.

Ci-dessus
Le goût de Truman Capote pour les mondanités et les pitreries, son auto-destruction permanente, l'ont peut-être empêché d'écrire un chef-d'œuvre de plus. Portrait de Ray Fisher, janvier 1964.

« L'ANXIÉTÉ, COMME VOUS L'EXPLIQUERA TOUT PSYCHIATRE PROHIBITIF, EST CAUSÉE PAR LA DÉPRESSION ; **MAIS LA DÉPRESSION, COMME VOUS LE DIRA LE MÊME PSYCHIATRE À LA DEUXIÈME VISITE MOYENNANT UN TRIBUT SUPPLÉMENTAIRE, EST CAUSÉE PAR L'ANXIÉTÉ.** »

Truman Capote, *Cercueils sur mesure*

Truman Capote et la comédienne, chanteuse et animatrice Cher, lui déguisé en millionnaire et elle en femme légère, lors d'une émission présentée par cette dernière en août 1973, The Sonny & Cher Comedy Hour. L'écrivain, souvent exubérant, aimait la fête et les déguisements.

Ci-contre
Truman Capote, en 1946 (il a 22 ans) en pleine écriture de son premier roman dans la chambre de la tour de la propriété de Yaddo, célèbre colonie d'artistes depuis 1926, située à Saratoga Springs, dans l'État de New York. Photographie de Lisa Larsen.

L'homme en noir

Johnny Cash

1932, Kingsland, Arkansas – 2003, Nashville, Tennessee

J'ai découvert la *country music* sur les routes du Sud, au milieu des années 1950. D'abord, quand un copain d'université m'invita pour passer Noël chez ses parents, au Texas, nous avons traversé une partie du Sud puis du Sud-Ouest, en voiture – ensuite, pendant mes voyages en auto-stop d'est en ouest. J'ai toujours associé la *country* à la nuit. À la radio, j'entendais un son qui m'était inconnu, le son du pays profond, les combinaisons de guitare, banjo, harmonica, violon, parfois saxo, parfois accordéon, une musique qui avait emprunté à toutes les importations écossaises, galloises, irlandaises, mais qui avait été réinventée et collait à la réalité du Tennessee, l'Arkansas, la West Virginie, toute la *bible belt* – la ceinture de la Bible, c'est-à-dire les régions où les différentes Églises et différentes croyances se croisent, où le gospel, les hymnes font partie intégrante de l'air quotidien.

C'était une musique attirante, attachante, à la fois langoureuse et heurtée, rythmée, lancinante, et qui me parut charnellement adaptée aux paysages que nous empruntions, aux routes qui serpentaient sous la lune, avec des arrêts dans les *diners*, dans les parkings desquels dormaient les énormes trucks transportant alimentation, pétrole, accessoires. La musique des vagabonds, des paysans, des fermiers appauvris par les anciennes épreuves de la grande dépression, des garçons-vachers, des militaires en retour de permission, des patrouilles de police, des serveuses derrière le comptoir, coiffées de leur bonnet blanc ou rouge, la musique des « petites gens ». Les chansons parlaient d'amour, de divorce, de deuils inattendus, de bagarres dans les bars, de trains qui sifflent dans la nuit, de mamans qui vous attendent à la maison – mais, tout le temps, d'amour. Et de son manque. Les voix étaient au diapason : accents épais de la Caroline, du Mississippi, de l'Oklahoma, avec des *twangs* au bout des phrases. Une poésie brute et envoûtante, exotique pour moi, familière pour les habitants de ces espaces. Johnny Cash aura été « l'homme en noir » qui, avec d'autres artistes, a représenté le mieux cette forme d'art spécifique, lui apportant une base de rock, exécutant, grâce à sa guitare aux tonalités basses, une merveilleuse mixture de toutes les influences. Musique de « petits Blancs » comme lui, comme sa famille. Johnny Cash était incapable de lire de la musique, il composait d'instinct, essayant, puis abandonnant, renonçant, et finalement, parvenant à structurer ses refrains et couplets qu'il rédigeait souvent dans les trains ou les autocars le menant, avec ses musiciens, de fêtes foraines en petites salles des comtés perdus du grand Sud-Ouest. La gloire vint très vite, car sa voix le distingua d'emblée des autres : grave, caillouteuse, charriant révolte et nostalgie, provocation et remord, une voix qui semblait parfois trembler, cahoter, comme un véhicule sur une route mal goudronnée. Elle était et demeure inimitable, différente de tous les autres interprètes en ce sens qu'elle démontre qu'il n'est nul besoin d'avoir un timbre clair et attractif pour faire passer l'amour, la mort, le deuil, la camaraderie ou la vie en prison.

« SI JE M'HABILLE EN NOIR, C'EST POUR LES PAUVRES ET LES LAISSÉS-POUR-COMPTE. »

Johnny Cash

Affiche pour le Johnny Cash Show *à* Minneapolis*, le 22 avril 1967; la photographie le montre un peu plus jeune qu'il n'était lors de ses tournées. Cette année-là, il reçoit un* Grammy Awards *avec June Carter – qu'il épouse l'année suivante – pour leur interprétation en duo de la chanson* Jackson.

Double page suivante à gauche
Johnny Cash, *vers 1965. Depuis quelques années, entraîné dans la valse incessante des tournées, Cash subit l'influence de la drogue et de l'alcool. Il est arrêté durant cette période pour détention de narcotiques à El Paso, au Texas.*

Double page suivante à droite
Une jam session *de légende, en cette nuit du 4 décembre 1956 à Memphis, avec la fine fleur des chanteurs rock de l'époque, dans les studios Sun, pour* The Million Dollar Quartet*:* Jerry Lee Lewis, Carl Perkins, Elvis Presley et Johnny Cash.

Le chanteur country en cow-boy, vers 1965: Johnny Cash interprète de nombreux rôles à la télévision comme au cinéma. On note tout particulièrement Dialogue de feu (A Gunfight) de Lamont Johnson, histoire d'un duel sorti sur les écrans en 1971 avec Kirk Douglas et Jane Alexander.

Page de droite
Johnny Cash, guitare dans le dos, en Hollande en 1994. Le chanteur, qui depuis longtemps avait pris l'habitude de toujours s'habiller en noir, réalise au mois d'avril de cette année un album acoustique, American Recordings; il lui vaut la reconnaissance d'une nouvelle génération de fans et le Grammy Awards de l'album folk de l'année.

Lorsque cet homme au visage carré, ravagé par les rides, la drogue, les amphétamines, l'alcool, venait performer devant les détenus de San Quentin, il provoquait presque des émeutes, tellement ces réprouvés de la société s'identifiaient à lui, et lui à eux. Il ne s'est pas privé de prendre parti contre le racisme, avec, par exemple, la *Ballad of Ira Hayes*, un Amérindien qui fit partie du groupe de marines qui dressa le drapeau sur le mont Suribachi lors de la bataille d'Iwo Jima, mais n'en reçut aucun bénéfice lorsque, à son retour dans la vie civile, il connut la discrimination.

Johnny Cash est un monument musical. Brut et vrai. Sa puissance et son authenticité relèguent, selon moi, Madonna et même Mickael Jackson au rang de grands artificiers. Quand je mets *I Walk the Line* ou *Cry, Cry, Cry*, sur mon lecteur CD, je ferme les yeux et je suis sur la route, entre Nashville et Biloxi, entre Memphis et Flagstaff. Il fait nuit et j'entends le vent qui passe par la fenêtre de ma vieille Chevy.

La guitare dans le dos,
into the wild

Bob Dylan
1941, Duluth, Minnesota

De tous ses albums (il en existe tellement : sa discographie est une véritable forêt musicale et littéraire), il en est deux que j'aime au-dessus des autres – je les possède en vinyle, et les ai achetés et découverts à l'époque de leur parution, là-bas, sur place.

Il y a d'abord, bien entendu, *The Freewheelin' Bob Dylan*, paru en 1963. Année-clé – année-pivot, celle de l'assassinat de Kennedy. Événement majeur, tragédie américaine après laquelle Dylan décidera de prendre ses distances avec la politique. Les gens disent qu'il a eu peur d'être lui-même victime d'un assassin. L'ironie de ce geste, c'est qu'au moment où Dylan se restreint, se détache de toute lutte militante, toute identification à la contestation générale qui s'empare de la jeunesse, toute activité de « protestation » et va mettre de côté ce que l'on a, à raison, intitulé ses *finger-pointing songs* – les chansons qui montrent du doigt les travers de la société américaine –, eh bien, c'est précisément le moment où ses textes prennent le plus d'ampleur et vont pénétrer les esprits. Dylan fait un pas de côté. Or, ses paroles grandissent. Cet homme qui, cinquante ans plus tard, prétend n'avoir jamais voulu être porte-parole d'une génération, n'avoir jamais voulu « révolutionner » quoi que ce soit, qui semble même regarder cette partie de son œuvre comme étrangère à lui-même, demeure, néanmoins, la figure emblématique de toute une époque si bien résumée par le titre d'une de ses chansons : *The Times They Are a-Changin'* – les temps sont en train de changer. Les choses bougent. Et moi, Dylan né Zimmerman, je ne suis pas pour rien dans ce changement. J'en suis l'interprète et le traducteur, je n'en suis pas le responsable, mais j'en suis le troubadour. Le *tambourine man*.

La richesse de ce premier album confond l'imagination et il reproduit l'air du temps de toute une époque. Dylan a raconté dans le premier volume de ses passionnantes *Chroniques* (Fayard, 2005), qu'il écrivait ses chansons sur la route, dans les autocars, les chambres d'hôtel, dans le petit appartement qu'il partageait dans *West 4th Street*, le Village de New York, avec Suze Rotolo, et qu'elles lui venaient de façon spontanée, instinctive. « Écrire une chanson, ça peut venir vite. Tu cherches des rythmes qui vont bien, t'as pas le temps de distiller des messages, des retombées idéologiques. Tu veux t'assurer que le feeling est là, qu'il y a comme une "camaraderie" entre les paroles et le rythme musical. Toutes ces salades sur la profondeur de la signification, ça vient plus tard. Et, franchement, c'est aux autres à déterminer et juger. Crois-moi, le type qui écrit, il ne pense à rien de tout cela. » Peut-être, Bob, peut-être, mais enfin, tout de même, tu n'étais dupe de rien. Tu t'es imprégné des influences multiples (de Woody Guthrie, ton maître à penser, le plus authentique de tous les *folk singers*, témoin et chantre de la grande dépression, celui qui t'a incité à « prendre la route »), et ces influences ont été innombrables, d'ailleurs, tu ne les as pas reniées. Selon toi, tout le monde, en matière d'art, emprunte à tout le monde. Et tu cites Picasso. Tu dis : « À cette époque, la musique n'appartenait à personne. » Hank Williams, Muddy Waters, Jelly Roll Morton, Leadbelly, Mance Lipscomb, Big Joe Williams, s'il fallait énumérer tous ceux dont le son, les guitares, harmonicas et pianos, les *lyrics* t'ont pénétré – et comme tu les as tous étudiés, compris, assimilés et absorbés comme une éponge – je n'aurais pas assez de pages dans ce livre. Il y a treize titres dans *The Freewheelin'*. Ils disent tout de toi, ta vision du monde à l'âge de vingt-deux ans – après que tu eus quitté le Minnesota, parcouru le pays, et hanté les petites boîtes de nuit où tu as essayé ta voix et tes lignes mélodiques : *Blowin' in the Wind* – qu'un écrivain comme Marguerite Yourcenar, première femme reçue à l'Académie française, ne cessera de citer – ou *Girl From the North Country*, qui possède une tonalité

Bob Dylan, en compagnie de Joan Baez – qui fut un temps sa compagne au début de sa carrière. Photographie prise dans les jardins botaniques de Victoria Embankment, lors d'une tournée à Londres, le 27 avril 1965.

Page de droite
Le jeune Dylan joue encore de la guitare acoustique en ce mois de septembre 1961, tout en fumant une cigarette. Photographie réalisée à New York alors que sa renommée n'était pas encore faite.

poignante, nostalgique : on la voit, la fille, tu l'as sans doute rencontrée bien longtemps avant que tu l'écrives, quand tu n'étais encore qu'un inconnu qui s'évertuait à maîtriser l'harmonica et la guitare. Je ne peux toutes les commenter. Il y a bien entendu, *A Hard Rain's a-Gonna Fall* — que tu rédiges pendant la crise des missiles de Cuba en octobre 1962. On vacillait au bord d'une troisième guerre mondiale et tu as confié : « Je me disais que c'était peut-être ma dernière chanson que j'écrirais et j'y ai mis tout ce que j'ai pu. »
Mon deuxième album préféré, c'est *Self Portrait*, qui date d'un peu plus loin que cette année 1963 charnière, et qui voit l'éclosion de la légende Dylan. On est en 1970, près de sept années plus tard. Dylan a déjà bouleversé l'histoire de la chanson américaine — il y a eu *Highway 61* et *Like a Rolling Stone*, numéro deux des meilleures ventes. Il est passé de la guitare folk à l'électrique, il a aimé Joan Baez — qui l'a aidé et aimé de retour. Il s'est secrètement marié avec Sara Lownds (ça ne sera pas son dernier mariage). Il est parti en tournée en Europe et a galvanisé les foules de fans à l'île de Wight. Il a déjà atteint le statut d'icône. Et puis, il s'est reconverti à la musique country, au contact de Johnny Cash. Et il nous offre ce cadeau, ce *Self Portrait* dont la couverture reproduit un autoportrait, en effet, car il faut signaler, au passage, que Dylan est un

peintre vigoureux et original. Là encore, je trouve dans ce double vinyle, acheté chez un disquaire dans Broadway, tout ce que j'aime dans cet auteur complet, prolifique, poète et rock'n'roll star, génial technicien, encyclopédique connaisseur de l'héritage musical de son propre pays, mythique caméléon qui, au fil des décennies, changera de look, de contenu, de contenant, susceptible de se contredire, se parodier, voire s'autodétruire, mais conservera cette voix un peu éraillée, cet accent légèrement « *oakie* » de Guthrie, cette ironie et cette perception, cette oreille qui capte toutes les diversités, ces talents conjugués et poussés à l'extrême. Pas moins de cinquante choristes, guitaristes, trombonistes, trompettistes, batteurs, banjoïstes, contre-bassistes, violonistes, harmonicistes, pianistes et percussionnistes de toutes sortes ont contribué à cet autoportrait d'où se dégage une Amérique de la route et de l'espace, de l'Ouest, de l'amour, de la pluie du matin, des chevaux fatigués, des pionniers chercheurs d'or, du blues. Et l'air que je préfère s'appelle *Wigwam*. Il ne comporte aucune parole : paradoxe et pied de nez au monde et aux exégètes qui intellectualisent tous ses textes comme on le ferait pour Homère, Camus ou Bertolt Brecht, Dylan nous balance une simple ballade qui, pendant 3 minutes et 8 secondes, n'est faite que de sa voix chantonnant

Bob Dylan pose en juin 1964 dans le cadre de la promotion de son album The Times They Are a-Changin', *disque qu'il a pu cette fois entièrement maîtriser. Une chanson au titre éponyme tel un hymne de la montée contestataire des années 1960.*

Ci-dessous à droite
En plein enregistrement d'un de ses albums, au début des années 1960. Cinq ans plus tard, il passera au rock et à la guitare électrique, avec son cinquième album Bringing It All Back Home.

Page de droite
Attentif et réfléchi, devant son piano, durant l'enregistrement du disque Highway 61 Revisited *(qui comporte la chanson* Like a Rolling Stone*) dans les studios de la Columbia, durant l'été 1965, à New York.*

« IL Y A DE NOMBREUSES MANIÈRES D'ÉCRIRE UNE HISTOIRE. **LE SENSATIONNALISME N'EN EST PAS UNE.** »

Bob Dylan

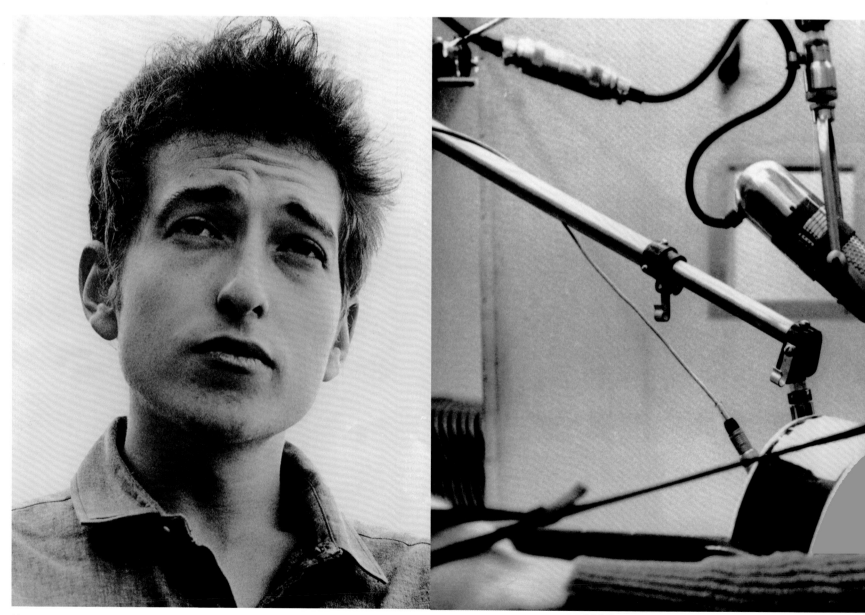

à tue-tête : *La-lala-lala-lala*. C'est exaltant, envoûtant, entraînant, on imagine un type en jean, casquette ou chapeau sur sa tête rebelle, guitare dans le dos, baluchon à la main, marchant sur un chemin poussiéreux, au milieu des conifères du Colorado ou de l'Alberta, hurlant sa joie de vivre, son indépendance, sa jeunesse – et quand je l'entends, j'entends ma propre aventure d'un été dans l'Ouest. Dylan, le talentueux écrivain, s'offre et m'offre le cadeau suprême : ni mots ni phrases, juste de la musique, un hymne de liberté. Alors, on me dit : « Et Springsteen ? Vous oubliez Springsteen. » Mais non, bien sûr, sauf que Bruce, le « boss » il est venu après le grand Dylan. « Et Leonard Cohen, vous l'oubliez aussi ? » Non, bien sûr, sauf qu'il est canadien. Alors, donnez-moi Dylan, tous les jours, laissez-moi chanter *Wigwam* avec lui, sur la route, *into the wild*.

S'aventurer
dans l'exceptionnel

Amelia Earhart

1897, Atchison, Kansas – 1939

Il n'y a pas beaucoup de femmes dans *Mon Amérique* — pas assez. C'est sans doute une lacune involontaire, car je connais le rôle prépondérant qu'elles ont joué dans les combats pour l'égalité des sexes, ainsi que leur héroïsme dans les luttes pour les droits civiques. Elles ont contribué de façon massive à l'effort de guerre dans les années 1940. Elles apparaissent, de plus en plus souvent, à la tête d'entreprises, d'industries, de partis politiques. La femme américaine, dès le début de la conquête des territoires, dès la construction de la nation, ou en pleine guerre de Sécession, a constitué l'un des piliers d'une civilisation reposant sur la religion, la famille, l'importance du matriarcat. Aussi bien, la femme américaine n'a eu que deux choix : ou se résoudre au bon gardiennage du foyer, ou s'aventurer dans l'exceptionnel, sortir du rang et démontrer aux hommes, et au monde, qu'elle « vaut bien ça ». Amelia Earhart, avec ses yeux clairs, son visage à la fois enfantin et rieur, empreint de gaieté et de volonté, ses blousons de pilote, ses exploits et sa bravoure — sa traversée de l'Atlantique en solo en 1932 — aura été une des « fiancées » de l'Amérique d'avant la grande rupture de la Seconde Guerre mondiale. Elle est éduquée à la maison jusqu'à l'âge de douze ans, sa mère l'encourage à gagner le plus vite possible son « indépendance ». Sa volonté la pousse à défier toutes les conventions de l'époque. Elle découpe les articles de presse concernant les femmes, dites *successful*. Si elle est entrée dans la légende américaine c'est, naturellement, à cause du mystère de sa disparition au cours d'une tentative de tour du monde avec un navigateur nommé Fred Noonan. L'*Electra*, son appareil, se perd quelque part au cours de sa dernière ligne droite au-dessus du Pacifique. On n'a jamais rien trouvé, ni débris de l'avion, encore moins de corps. Le mystère reste entier. Elle entretenait une correspondance assidue avec son mari : « Je suis consciente des risques. Les femmes doivent essayer ce qu'ont essayé les hommes. Si nous échouons, notre échec deviendra un challenge pour celles qui nous suivent. »

Page de droite
Le visage d'ange d'Amelia Earhart, vers 1925. En 1922 elle bat le record d'altitude féminin, mais c'est quand elle décide d'être la première femme à traverser l'Atlantique en avion qu'elle connaît la célébrité.

Portrait réalisé en 1932, année de consécration pour Amelia Earhart : elle est la première personne à traverser les États-Unis en autogire (aéronef à voilure tournante) et la première femme à franchir en solitaire, et par deux fois, l'océan Atlantique. Elle reçut la Distinguished Flying Cross ainsi que la médaille d'or de la Société nationale géographique.

Page de gauche
Amelia Earhart répond aux questions
des journalistes, le 13 juillet 1932,
sur le tarmac de l'aéroport de Newark,
New Jersey, après avoir remporté
le record féminin de la traversée des
États-Unis, en 19 heures et 14 minutes.

Images évoquant la gloire et la célébrité :
en haut, Amelia Earhart, à l'arrière
d'une décapotable, en 1928 à Chicago.
En bas, le 22 juin de la même année,
Amelia Earhart fait une joyeuse visite
matinale à Toynbee Hall, dans le quartier
est de Whitechapel, à Londres.

Le père spirituel
des Zuckerberg, Jobs, Gates

Thomas Edison
1847, Milan, Ohio – 1931, West Orange, New Jersey

Avec Edison, la légende a toujours défié la vérité. La légende ? Il inventa l'électricité. La vérité ? Il y a eu des pionniers avant lui, aux quatre coins du monde et du passé – Italiens, Anglais, Français, qui tous avançaient vers cette chose qui nous semble aussi banale que l'eau coulant du robinet : l'énergie électrique, l'éclairage artificiel et durable. Tout attribuer à Edison est un leurre, mais c'est ainsi, son nom est définitivement associé au phénomène qui régit nos vies. La lampe à incandescence n'est pas l'enfant du seul Edison. Un chimiste britannique, Joseph Swan, a clamé qu'il en était le véritable auteur. Mais Edison l'efface dans les livres d'histoire pour une raison supérieure : il a été un inventeur hors norme.

Pas moins de 1 100 brevets déposés. Il a créé le premier laboratoire moderne de recherche, à Menlo Park, du côté de Newark, où il s'installe, entouré d'assistants de talent – et où s'effectuèrent une série de travaux qui changèrent le monde et le comportement des hommes.

Edison est américain au bout des ongles : il invente, il adapte, il transforme, il sait se battre contre ou avec les banques, il comprend le marché, l'industrie, il n'arrête jamais. C'est un dur, un concret. L'Amérique est une nation d'ingénieurs. Il en est l'archétype. On lui doit le phonographe, l'amélioration du téléphone de Graham Bell, la première centrale électrique, le kinétoscope (la première machine à produire des films), le cinématographe, le télégraphe, la machine à voter. Il est curieux qu'il n'ait pas éprouvé l'envie de s'intéresser à la transmission des images par distance : la télévision. Edison est un composite de ces Américains dont l'inventivité, le génie de la trouvaille auront toujours été orientés vers ce qui est le plus utile au plus grand nombre. Il n'a passé que trois mois de sa vie à l'école et a souffert, dès l'enfance, d'une surdité totale de l'oreille gauche, une audition de 10 % pour la droite. Tous ingrédients nécessaires pour dépasser une infirmité et devenir, en réalité, le père spirituel des Zuckerberg, Jobs, Gates et quelques autres agents du changement de notre quotidien.

« SI NOUS FAISIONS TOUT CE QUE NOUS SOMMES CAPABLES DE FAIRE, NOUS EN SERIONS ABASOURDIS. »

Thomas Edison

Ci-dessus

Thomas Edison, portant un chapeau melon, en compagnie de l'homme d'affaires et navigateur britannique Sir Thomas Johnstone Lipton – fondateur de la marque de thé – qui se trouve au centre, en pantalon et casquette blanche, tous deux entourés des membres de l'équipage du yacht Erin, *sans doute dans le port de New York, au début du XXᵉ siècle. Lipton a tenté par cinq fois et sans succès de remporter le trophée de la Coupe de l'America, régate qu'Edison prenait soin de filmer.*

Page de droite

Thomas Edison à bord d'une voiture aux côtés du pionnier de l'automobile Henry Ford, portant (est-ce pour une fête déguisée ?) stetson, foulard autour du cou, cigarette à la bouche et colt à la main. Cliché réalisé dans le courant des années 1920.

« Un génie est venu
sur Terre »

Albert Einstein
1879, Ulm, Allemagne – 1855, Princeton, New Jersey

Avec les génies qui deviennent des «légendes» de leur vivant, on retrouve toujours des anecdotes dont on n'est jamais sûr de l'authenticité. Pour Einstein, l'une, au moins, fait l'unanimité de ceux qui lui ont consacré des tonnes d'ouvrages, études, essais et biographies: son étonnement, à l'âge de cinq ans, devant le fonctionnement d'une boussole. Le petit objet et son aiguille aimantée suscitent, chez lui, la curiosité de «saisir l'ordre caché derrière l'apparence des choses». Ça se passe en 1884, à Ulm, en Allemagne. Trois ans plus tôt, alors qu'il a tout juste commencé à parler, sa petite sœur, Maja, vient de naître. Le bambin la regarde et dit: «Où sont les roues?»

Son «année des miracles» aura lieu en 1905, quand il publie quatre articles fondateurs, l'un d'entre eux énonçant la théorie de la relativité restreinte en redéfinissant toutes les conceptions qu'on se faisait de l'espace et du temps. Onze ans plus tard, en 1916, Einstein qui a complété sa réflexion et ses travaux, impose sa théorie de la relativité générale.

Il devient une célébrité mondiale. Les journaux titrent: «Un génie est venu sur Terre. Il s'appelle Einstein.» Et encore: «Le temps n'existe pas.»

Il décide de s'exiler aux États-Unis, dès 1933. Albert Einstein, dont toutes les découvertes ont été confirmées, adoubées, est déjà nobélisé. Il s'installe pour le reste de sa vie au 112 Mercer Street, à Princeton. Il acquiert la nationalité américaine en 1940. Voilà pourquoi il figure dans ce livre – mais est-il «américain»?

Que signifie ce terme: «être américain»? Arrêtons-nous un instant. Einstein me fournit une bonne occasion de synthèse. Si l'on passe en revue les portraits que j'ai choisis, on s'aperçoit que tous ces «Américains» sont venus d'ailleurs. Nombre d'entre eux à l'occasion de la déferlante antisémite des années 1930, pour fuir Hitler et aller vers la liberté. Certains – ou

Le physicien Albert Einstein en plein exercice de calcul, dans les années 1920. Devenu une véritable icône, son visage sympathique et échevelé symbolise à lui seul la recherche scientifique moderne.

certaines – modifient leur nom, mais aucun ou aucune de ces vagabonds ne renie son ADN, l'héritage de la Russie, l'Autriche, la Hongrie, la Roumanie, les ancêtres. À Hollywood, où les Fritz Lang, Billy Wilder, Lubitsch, Preminger façonneront le cinéma américain, aussi bien que sur les campus de la côte est ou ouest où trouveront refuge savants, intellectuels et chercheurs qui s'attacheront à éduquer et influencer des générations successives d'étudiants, comme dans le monde des affaires et de la banque, celui du commerce – qu'il fût celui du vêtement, des cosmétiques, et, plus tard, de la publicité –, ces hommes et ces femmes vont enrichir une partie du trésor cérébral de l'Amérique. C'est le *melting pot* – le récipient où tout se mélange, Italiens, Polonais, Écossais, Français, Allemands, Irlandais, Noirs, et, plus tard, Latinos et Asiatiques –, cette gigantesque et inarrêtable machine à fabriquer l'âme, l'esprit, la pensée, la culture américaine, ce creuset géant où viennent se fondre toutes les ethnies avec leurs vertus et leurs vices, leur ingéniosité et leur énergie. Ils deviennent des Américains puisque aucun d'entre eux ne l'était. Tous et toutes ont été guidés vers la terre américaine par la certitude qu'ils y trouveraient ce qui est plus précieux dans la vie, et qui risquait de leur échapper: la liberté. *Freedom!* Je n'oublie jamais la belle phrase de Felix Rohatyn, grand banquier, qui fut un remarquable ambassadeur des États-Unis à Paris. Il avait, lui aussi, fui les nazis dès son plus jeune âge et me confia: «Le sentiment le plus fort que j'ai éprouvé lorsque j'ai mis la première fois le pied à New York, c'est que j'étais comme tout le monde, je n'étais plus un étranger.» Einstein n'a pas exprimé autre chose. Certes, il sera toujours fidèle à Israël. Il contribue à la naissance de l'Université Hébraïque de Jérusalem – où toutes ses archives, de la moindre carte postale à sa maman

« LA GUERRE EST LA CHOSE LA PLUS MÉPRISABLE.
JE PRÉFÈRERAIS ME LAISSER ASSASSINER QUE DE PARTICIPER À CETTE IGNOMINIE. »

Albert Einstein

jusqu'aux notes manuscrites de sa géniale découverte, sont numérisées et, depuis leur mise en ligne, visitées par des dizaines de millions d'internautes —, et l'on peut rencontrer sur le campus du Mont Scopus la reproduction de sa silhouette de savant aux cheveux fous, au visage lunaire, perché sur un vélo avec sa phrase-symbole : « C'est seulement quand on bouge qu'on peut confortablement maintenir son équilibre. » Certes. Mais il rendra toujours hommage à l'Amérique au point de se mêler au débat politique, s'engager contre le maccarthysme, pour les droits des Noirs, en faveur du désarmement. Il signera, avec d'autres savants, en 1939, une lettre au président Roosevelt pour l'avertir que les Allemands travaillent activement sur la fission nucléaire et qu'on ne peut y être indifférent. De là à raconter n'importe quoi sur sa

responsabilité dans le bombardement d'Hiroshima et de Nagasaki, il y a tout de même un pas. Il n'a pas participé aux travaux dans le laboratoire secret de Los Alamos dans le Nouveau-Mexique, connu sous le nom de Projet Manhattan. Il pouvait d'autant moins le faire que le FBI, dirigé par le pervers et nocif Hoover (le mal que cet homme aura fait à son propre pays !) l'avait mis sous surveillance. Mais il a certainement ressenti une profonde mauvaise conscience, le 6 août 1945, quand une super-forteresse baptisée Enola Gay fit tomber sur une ville japonaise dont le nom était inconnu à ce jour, la fatale bombe apocalyptique. On prétend qu'à cette annonce, le fécond visionnaire, l'auteur de E = mc2, aurait levé les bras au ciel et crié : « Malheur ! »
Il se voyait en « loup solitaire » et le magazine *Time* l'avait couronné « Homme du siècle ». C'était un mauvais mari, un père négligeant, un coureur de jupons, il aimait la musique par-dessus tout, piano et violon. Il aimait sa chienne, Chico, son chat, Tiger, et son perroquet, Bibo. Il ronflait aussi fort qu'un moteur d'avion. Il s'agenouillait devant Bach ou Mozart. Un Français, physicien de niveau international, Thibault Damour, grand spécialiste d'Einstein, aime raconter que, jusqu'au dernier jour de sa vie, Einstein a continué de chercher, travailler, calculer. À l'hôpital, il demande de quoi écrire. Il gribouille une formule, esquisse une phrase, puis pose la feuille de papier sur la table à côté de son lit. Il meurt dans la nuit. Ses cendres seront dispersées dans la rivière Delaware par deux amis, Otto Nathan et Paul Oppenheim, mais on a conservé son cerveau. En aura-t-on écrit, des pages et des pages, sur ce cerveau d'Einstein, et son QI de dimension astronomique ! On l'a disséqué et étudié, et l'on n'a rien trouvé d'exceptionnel — à ce détail près : un nombre bien au-dessus de la norme de cellules gliales (ce qui nourrit et lie les neurones entre eux), dans la partie gauche, là où l'on sait que se développent les qualités mathématiques et linguistiques.
Il avait de l'humour à ne savoir qu'en faire et a beaucoup écrit, distribuant pensées et aphorismes à travers discours, entretiens et correspondance. Il existe des dizaines de recueils de ces « Einsteinismes ».
C'est du Woody Allen et de l'Aristote. Difficile de ne pas en citer quelques-unes.
Sur lui-même : « Je ne me porte pas trop mal. J'ai survécu aux nazis et à deux épouses. »

Sur les Américains : « Le sourire sur leurs visages est l'un des grands atouts de leur pays. Amicaux, confiants en eux-mêmes, optimistes – et pas envieux. »
Sur la vieillesse : « Je me sens comme un œuf dont il ne reste que la coquille. » Sur l'humanité : « La peur et la stupidité ont toujours été à la base de la plupart des actions humaines. » Sur la nature : « Ce qu'il y a de plus incompréhensible, c'est que l'univers soit compréhensible. » Sur sa théorie : « Si ma théorie de la relativité est confirmée, les Allemands diront que je suis allemand. Si je me suis trompé, ils diront que je suis juif. »
Pour expliquer ce qu'est la relativité : « Être assis pendant une heure sur un banc au côté d'une jolie fille dure comme une minute. Être assis sur une chaudière pendant une minute dure comme des heures. »

Page de gauche
Albert Einstein prête serment pour prendre la nationalité américaine. Il fut helvéto-autrichien et helvéto-allemand avant d'être helvéto-américain en 1940. Ici, en compagnie de sa secrétaire Helen Dukas, sur sa droite, et sa sœur Margaret.

Ci-contre
Albert Einstein en présence du commandant Oliver Locker-Lempson et d'une jeune femme, à côté d'une cabane, près d'Esher et Cobham dans le Surrey, comté du sud-est de l'Angleterre. Photographie prise au Royaume-Uni en septembre 1933.

« Je suis un poète raté,

un clochard »

William Faulkner

1897, New Albany, Mississippi – 1962, Byhalia, Mississippi

Une ferme à Oxford, dans le Mississippi. C'est là qu'un homme invente un univers, un langage, une distorsion du temps grâce à l'utilisation du monologue intérieur, ce que l'on identifie comme le *stream of consciousness* (« le flux de conscience »).

Il s'appelle William Faulkner prix Nobel. Adulé des Français, révélé en partie par eux (grâce à leurs remarquables traducteurs, en tête desquels Maurice-Edgar Coindreau), longtemps ignoré par ses propres concitoyens, du moins sous-estimé. Sauf que les Américains ne devraient jamais oublier qu'il est leur Proust, leur Céline, leur James Joyce. De ce qu'il appelle son « petit timbre-poste de pays natal », c'est-à-dire le Sud profond, celui du racisme, la violence, l'alcool, les petits Blancs dégénérés et décadents, la sexualité déviée, la démence sans rédemption, Faulkner a fait une œuvre qui a d'abord dérouté, ensuite fasciné, et qui s'inscrit désormais, pour toujours, dans l'histoire de la littérature. Universel et intemporel. Gamin, j'ai longtemps eu du mal à le lire, puisque je m'évertuais à le faire dans sa langue originale. Je me croyais bilingue. Or, on n'entre pas dans le monde du comté de Yoknapatawpha aussi aisément que cela quand on est encore imprégné de Flaubert, Balzac ou Maupassant. Mais lorsque l'on est parvenu à y pénétrer, on demeure marqué par cette « intrusion de la tragédie grecque dans le roman policier » – formule célèbre de Malraux, cliché trop souvent ressassé, mais comme tous les clichés, porteur d'une certaine vérité, à ceci près qu'on ne peut pas résumer Faulkner en quelques phrases, aussi brillantes fussent-elles. Et on n'a jamais tout à fait pu comprendre cet homme énigmatique, flegmatique, alcoolisé, surtout lorsqu'il s'exprimait, car il détestait les interviews et n'était pas à l'aise en public. Je le sais d'expérience. J'ai eu la chance (à l'époque, j'en étais à peine conscient) d'assister à une de ses « conférences-entretiens », au milieu des années 1950, dans le cadre de l'université de Virginie. J'étudiais dans mon petit collège, pas loin de là. Un « senior », féru de littérature, me fit savoir que Faulkner était l'« invité résident » de la fac de lettres de notre université voisine à Charlesville. Mon copain avait obtenu deux places. Nous prîmes le train depuis la gare de Buena Vista. Quand je vis Faulkner s'avancer dans l'amphithéâtre, trois livres sous le bras, je fus saisi par la fragilité de sa silhouette, la lenteur de sa démarche. Moustache jaunâtre, des yeux noirs qui semblaient voilés, un visage rosacé et gonflé. En ces années-là, les écrivains, aussi prestigieux qu'ils aient pu être, ne se livraient pas à la photo, aux médias et encore moins à la télé. Le quasi-anonymat dans lequel ils vivaient les rendait d'autant plus passionnants lorsque vous aviez l'occasion de les voir – en vrai, si j'ose dire. Faulkner donnait une conférence non sur ses propres œuvres mais sur un nombre de livres qu'il avait conseillé aux étudiants, lors de quelques cours qu'il avait accepté de tenir. Cependant, il lui arriva de mentionner l'écriture, qui « au début, l'amusait », et comment il avait peu à peu « fait bouger les personnages, pas seulement dans l'espace mais dans le temps », comment il était parvenu à se créer « un cosmos personnel ».

Nous étions subjugués – au point de n'avoir pas l'idée de sortir nos calepins pour prendre des notes. Il parlait d'une voix basse et avec cette diction propre à ceux de son pays, élégante, détachée, pesant ses mots. Il semblait fatigué, en retrait. Sa politesse, le recul plein d'humour qu'il affecta lorsqu'il mentionna ses années de scénariste à Hollywood, tout ce qu'il ne disait pas mais que l'on devinait, pour avoir lu quelques articles de presse le concernant (ses métiers divers, son goût pour le tabac et le whisky, ses années à La Nouvelle-Orléans quand la vie n'était pas

chère), faisaient que, d'une étrange façon, on s'intéressait presque plus à ce qu'il était – son comportement, ses silences – qu'à ce qu'il exprimait. J'ai lu, bien plus tard, un des rares entretiens qu'il donna à la talentueuse revue littéraire de George Plimpton, *The Paris Review*. Il y disait, entre autres choses : « Je suis un poète raté – par tempérament un vagabond et un clochard » et « Je pense que si je pouvais réécrire toute mon œuvre, je suis persuadé que je ferais bien mieux ».

À un moment, brusquement, il s'est levé, a bredouillé quelques excuses et a quitté la salle, ses trois livres toujours sous le bras.

Le « vagabond » vêtu d'une veste de tweed est passé comme ça, une heure dans ma vie. Quand j'ai raconté cette scène à quelques amis, plus tard, ils m'ont dit : « Tu as eu de la chance. » Sans doute oui, sans aucun doute. Puisque grâce à ces instants, je me suis mis à véritablement savoir et pouvoir lire le grand William Faulkner.

« JE NE CROIS PAS QUE PERSONNE ÉCOUTE JAMAIS DÉLIBÉRÉMENT UNE MONTRE OU UNE PENDULE. CE N'EST PAS NÉCESSAIRE. ON PEUT EN OUBLIER LE BRUIT PENDANT TRÈS LONGTEMPS ET IL NE FAUT QU'UNE SECONDE POUR QUE LE TIC-TAC REPRODUISE INTÉGRALEMENT DANS VOTRE ESPRIT LE LONG DECRESCENDO DE TEMPS QUE VOUS N'AVEZ PAS ENTENDU. **»**

William Faulkner, *Le Bruit et la fureur*

Page de gauche
Engagé dans l'aviation canadienne pendant la Première Guerre mondiale, William Faulkner s'inspire du conflit pour écrire des dialogues pour les films d'Howard Hawks, dont l'action se situe durant cette période : Après nous le déluge *(*Today we live*) en 1933, ou* Les Chemins de la gloire *(*The Road to Glory*) en 1936. Photographie de John Bryson.*

Ci-contre
William Faulkner heureux d'allumer un cigare après avoir reçu, en 1955, le National Book Award *pour son roman* Parabole *(*A Fable*) paru l'année précédente. Photographie de Peter Stackpole.*

Ci-contre
Un moment d'absence
pour William Faulkner,
qui a l'air de se demander
ce qu'il fait là, au beau
milieu du dîner donné
à l'occasion de sa
nomination au prix Nobel
de littérature, en 1949.
On remarque, sur sa
gauche, la scientifique
Irène Joliot-Curie.
Photographie
de Cornell Capa.

Page de droite
Portrait de William
Faulkner au milieu de
chevaux, dans les années
1950, période de sa
consécration internationale.
Photographie de Mario
De Biasi vers 1950.

« Je parle avec l'autorité
de l'échec »

Francis Scott Fitzgerald

1896, Saint Paul, Minnesota – 1940, Los Angeles, Californie

Quelques-unes de ses phrases les plus célèbres :
«Toute vie est bien entendu un processus de
décomposition. » Et aussi (souvent citée par Bobby
Kennedy avant qu'un assassin, toujours en prison,
n'abatte celui-ci dans les sous-sols de l'Ambassador
Hotel à Los Angeles) : «La marque d'une intelligence
de premier plan est qu'elle est capable de se fixer sur
deux idées contradictoires sans pour autant perdre
la possibilité de fonctionner. Ainsi, on devrait
pouvoir comprendre que les choses sont désespérées
et cependant être décidé à les changer. » Je l'appelle
Scott parce qu'il fait partie de ma famille – celle des
lectures et relectures, des influences, de l'admiration
et de l'inspiration. Il n'est pas seulement l'auteur
de quatre romans, dont trois chefs-d'œuvre (*The Great
Gatsby – Tender is the Night – The Last Tycoon*, inachevé),
et des centaines de nouvelles mais, à sa manière,
un philosophe, un maître de l'aphorisme, un Épictète.

On ne peut pas se limiter à la sublime prose
de *Gatsby* – ce concert de sensations, couleurs,
impressions et sentiments – ni à la construction
de *Tender* ou à la connaissance de ce qu'était
Hollywood dans les années 1930 à 1940. On doit
envisager qu'il est plus profond que nous l'avons tous
imaginé à la première lecture. (Il faut relire *La Fêlure*.)
L'histoire de sa vie et de ses désillusions, la folie
de sa femme Zelda, son amour pour sa fille à qui il
envoie des lettres qui sont autant de leçons de morale,
ses faiblesses et sa tuberculose, sa fin misérable dans
l'anonymat total à Hollywood, une reconnaissance
posthume méritée – et qui n'en finira jamais de grandir.
Tel est Francis Scott Fitzgerald dont les *Carnets*,
admirablement traduits par Pierre Guglielmina,
constituent un trésor. Il n'y a pratiquement rien à
jeter de ses moindres notes, observations, descriptions
de choses et atmosphères. Il me plaît qu'il ait eu la
clairvoyance amère de dire à propos de son rival
– ami-rival – Hemingway : «Je parle avec l'autorité de
l'échec. Ernest avec l'autorité du succès. » À méditer
dans les nuits blanches, genre 3 heures du matin,
quand la broyeuse s'empare de vous : «l'autorité
de l'échec ».

*Portrait de Francis
Scott Fitzgerald
daté de 1925,
année de parution
de* Gatsby le
Magnifique *dont
le succès fut très
tardif : c'est
seulement dans
les années 1950
que le roman
va enfin trouver
un large public.*

*Double page
suivante à gauche
La famille
Fitzgerald – Francis,
sa femme Zelda et
leur fille Frances –
pose à bord d'un
transatlantique qui
les mène en France,
en ce printemps
de l'année 1924.*

*Double page
suivante à droite
L'acteur Robert
Redford interprète
Jay Gatsby, et
Mia Farrow, Daisy
Buchanan, dans
une scène tirée
de* Gatsby
le Magnifique,
*adaptation de Jack
Clayton en 1974.*

« My name is John Ford, and I make westerns. »

John Ford

1894, Cape Elizabeth, Maine – 1973, Palm Desert, Californie

Il n'y a pas plus américain que cet Irlandais, né Sean Aloysius O'Fearna.

Pendant la sinistre période du maccarthysme, alors qu'à Hollywood les listes noires étaient dressées par des lâches si apeurés de perdre leur job qu'ils étaient prêts à dénoncer leurs meilleurs amis (voilà pourquoi j'aurai toujours du mal à totalement estimer Elia Kazan, malgré son grand talent et ses grands films – il a « donné », c'était une donneuse…), il se tint une réunion de metteurs en scène, certains célèbres, d'autres simples techniciens, qui souhaitaient se concerter sur ce que déciderait leur « communauté ». Chacun s'exprima, et l'on comprit, ce soir-là, à quel point le puissant et fortuné Cecil B. DeMille représentait la réaction la plus sectaire. Il apparut comme très proche de ce sénateur McCarthy qui, là-bas, à Washington, convoquait Humphrey Bogart et autres stars pour les faire avouer, sous la foi du serment, qu'ils n'avaient jamais appartenu, d'une manière ou d'une autre, au socialisme, au communisme, qu'ils n'avaient jamais eu une pensée subversive,

et pour leur demander de livrer les noms des scénaristes suspects. (Ils furent dix, les ostracisés, obligés d'écrire sous des noms d'emprunt, et vivre en quasi-clandestins, quand ils ne s'exilaient pas en Europe.)

Après l'algarade totalitaire du redouté Cecil B. DeMille, un silence se fit. Alors, un homme à l'œil gauche barré d'un bandeau noir se leva, et le silence fut encore plus grand. Tout le monde savait très bien qui il était, et vénérait son travail, respectait ses méthodes et anticipait qu'il avait, devant lui, une ribambelle

> « ENTRE L'HISTOIRE ET LA LÉGENDE, JE CHOISIRAI TOUJOURS LA LÉGENDE. »
>
> John Ford

Le réalisateur John Ford à bord du navire le Reluctant *qui sert de plateau de tournage au film* Permission jusqu'à l'aube (Mister Roberts). *Sorti en 1955, il réunit les acteurs Henry Fonda et Jack Lemmon. Photo d'Aarons Mince.*

de chefs-d'œuvre à tourner (c'est de 1945 à 1966 que, véritablement, l'art de ce metteur en scène atteignit son sommet). Tout le monde connaissait son nom. Néanmoins, avec ce flegme, cette dignité, cette fierté, cet humour, tout ce qui, au fond, allait transparaître chez ses personnages et ses films, le borgne à l'allure de gentleman et à l'accent irlandais, déclara : « *My name is John Ford, and I make westerns.* » (Je m'appelle John Ford et je fais des westerns.)

En quelques mots, celui qui avait déjà reçu, trois fois, l'oscar du meilleur réalisateur pour *Le Mouchard, Les Raisins de la colère, Qu'elle était verte ma vallée*, démolit les mollassons et les indécis et permit d'apporter un peu de morale et de sens commun à une profession en danger. Il aurait pu affirmer qu'il avait été décoré pour ses « missions secrètes » pendant la Seconde Guerre mondiale et que l'héroïsme qu'il sut si bien faire interpréter à John Wayne, Henry Fonda et autres, il savait ce que cela signifiait. Mais il se contenta de dire « *I make westerns* », et tout devint clair. Ce type est le plus bel exemple du grand cinéma américain, celui qui parle des gens simples, des Indiens qu'on massacre, des alcoolos bons vivants, des bagarreurs à la tronche butée, des belles femmes qui vous donnent envie d'aller les inviter pour une *square dance* au son des violons, sur un plancher de bois dans un village à une rue, perdu dans le désert près de Monument Valley. Ford, c'est la tragédie, la violence, la camaraderie, la haine du racisme, les charges héroïques et les chevauchés fantastiques, l'homme libre et solitaire, la tendresse et l'humanisme. Son œuvre est admirable. Elle a (avec, en particulier, *La Prisonnière du désert*) influencé toute la génération des Lucas, Coppola, Spielberg, Scorsese.

C'est une trompette qui pleure dans la nuit, un militaire qui vient porter des fleurs sur la tombe de sa femme et lui parler sans que nous y trouvions matière à dérision. C'est James Stewart qui « tue » (mais ne tue pas) Liberty Valance. C'est Henry Fonda, casquette sur la tête, dans la nuit de Californie, disant à sa mère qu'il sera toujours là, même s'il n'est plus là — chef-d'œuvre des *Raisins de la colère*, la plus fidèle adaptation d'un grand roman jamais faite au cinéma.

Ford, sur le tournage des *Cavaliers*, m'accorde une minute d'entretien. Jeune journaliste, je suis intimidé devant le borgne légendaire, cigare au bec, apparemment de mauvaise humeur, en réalité pudique, élégant et un peu fatigué. Il me redit sa célèbre phrase : « *You must shoot to edit.* » (Il faut tourner pour monter.) Leçon que je tenterai de suivre pendant toutes mes années de cinéaste, bien plus tard. Ford, un maître.

John Ford sur le plateau du film Le soleil brille pour tout le monde *(The Sun Shines Bright) tourné en 1953. Histoires et passions dans une petite ville du Kentucky, en 1905, sur fond de campagne électorale. Une image de l'Amérique profonde.*

L'impératrice
de la presse

Katharine Graham

1917, New York – 2001, Boise, Idaho

Elle est en train de téléphoner, dans la chambre conjugale de leur résidence bourgeoise, en plein Georgetown, quartier chic de Washington. Katharine Graham, née Meyer, ressemble à ce qu'on définit un peu cruellement comme une *doormat wife* – une épouse paillasson. De l'allure, des manières, elle sait recevoir et s'occuper de sa maisonnée, de ses quatre enfants, et d'un mari qui a changé sa vie. Jusqu'à ce qu'elle le rencontre, cette héritière du propriétaire du *Washington Post* avait pratiqué le journalisme, exercé un métier. Mais l'intrusion de Philip Graham dans sa calme existence a tout bouleversé. C'est un brillantissime personnage. Il envahit tout l'espace. Très vite, le père de Katharine va proposer à son gendre de devenir l'éditeur en titre (*publisher*) de la compagnie qui possède le *Post*. Katharine, passionnément enamourée de Philip, va se contenter désormais d'un rôle d'épouse attentionnée. Elle racontera plus tard qu'il était si « charmeur » qu'elle se satisfaisait tout à fait d'être devenue une *housewife* non *desperate*. Elle gère la maison ainsi que la propriété de campagne en Virginie, elle paye les factures, elle organise les allées et venues des enfants, elle se voit en « *good old mom* » pour le restant de ses jours, comme d'autres Américaines fortunées à qui l'on n'a jamais eu l'idée de confier autre chose que le bon fonctionnement

de leur foyer. D'autant que nurses, chauffeurs, cuisiniers et majordomes vous rendent la vie facile – et vous mènent tout droit aux activités caritatives et aux thés d'après-midi entre dadames. Ça pourrait durer jusqu'au bout, sauf que Philip Graham, pour lequel Katharine a le sentiment qu'elle n'est « venue sur terre que pour prendre soin de lui », fabrique du stress autant que du bruit. Son intelligence, sa connivence avec les grands politiques du moment (L. B. Johnson puis J. F. Kennedy dès qu'il est élu), son goût pour les jeux d'influence au plus haut niveau de l'État, sa fréquentation assidue de la Maison-Blanche, sa frénésie pour faire croître le *Post*, son besoin de séduire, vont vite faire surgir un mal qui le ronge. L'anxiété, l'angoisse, et le comportement maniaco-dépressif que, à l'époque, on ne sait pas identifier comme « bipolaire ». Alors, dès 1961, l'éblouissant Graham commence à faire n'importe quoi. Il boit trop, il trompe sa femme, menaçant de faire bénéficier sa maîtresse de toutes les actions du *Post*. Il provoque des scandales en public. En plein congrès d'éditeurs, en Arizona, en 1963, il apostrophe la presse, les ministres, utilise un langage obscène, accuse Kennedy d'avoir une liaison secrète avec une de ses amies. Ça se termine par des calmants, de la psychiatrie, la camisole de force dans une clinique du Maryland. Les crises se succèdent, les séjours à la clinique, l'enfer de l'autodestruction. On est en août 1963. Il est rentré à la maison, assurant qu'il se sentait mieux. Katharine est dans sa chambre au téléphone avec une amie quand elle entend un coup de feu venu de l'étage inférieur. Elle se précipite. Elle trouve Philip, le beau et prometteur Philip, quarante-huit ans, sur les carreaux blancs de la salle de douche, revolver à la main, dans une flaque de sang. Son suicide, les funérailles auxquelles assistent les Kennedy, le choix quasi immédiat de reprendre,

Les deux jeunes journalistes du Washington Post, *Carl Bernstein et Robert Woodward, n'auraient pu signer leurs articles prouvant l'existence d'une caisse noire et les tentatives de dissimulation menées par* l'administration Nixon sans le soutien de Katharine Graham, l'éditrice et propriétaire du journal. L'affaire du Watergate entraîne la démission de Nixon, deux ans plus tard. Portrait de Katharine Graham par Diana Walker, en 1995.

elle-même, les rênes de la *Washington Post Company* : en quelques semaines Katharine Graham a mué. Elle devient l'éditrice (et propriétaire) du journal le plus influent de la ville – et du pays – avec le *New York Times*. À la stupéfaction de son milieu, du métier, de la politique et de la finance, elle se transforme en une patronne indiscutable. C'est elle qui soutiendra Ben Bradlee et les *boys*, Woodward et Bernstein, dans leur exploit du Watergate. Elle défiera Nixon. Elle deviendra la femme la plus puissante de la capitale, le symbole de la presse d'investigation. Extraordinaire volonté, calme dans la tempête, bon sens solide et jugement sans erreur sur les hommes, madame Graham, jusqu'à sa disparition à quatre-vingt-quatre ans, aura vécu une singulière aventure humaine, le triomphe d'un caractère révélé par un drame. Quand je l'ai rencontrée dans sa belle maison, j'étais en avance ; j'ai fait quelques pas dans un petit cimetière, juste en face de sa demeure. J'y ai aperçu une tombe, celle de Philip Graham. En levant les yeux, il m'a été aisé de découvrir que la fenêtre du premier étage était en droite ligne du regard.

Ainsi, la petite fille riche devenue *good mom*, puis propulsée titan des médias, pouvait voir, chaque matin, au réveil, cette pierre plate et blanche. « *Kay* », l'impératrice de la presse, redoutée des présidents, prix Pulitzer en 1998 pour son autobiographie, jamais remariée, commençait-elle ainsi chacune de ses journées ? Elle ne l'a jamais révélé.

Katharine Graham s'entretient avec Howard Simmons du Washington Post *en février 1973, en pleine affaire du Watergate sur laquelle le journal a enquêté, malgré les foudres du président Richard Nixon. Photographie de Steve Northup.*

« IL EST DIFFICILE
D'ADMETTRE QUE
CERTAINES QUESTIONS
RESTENT SANS RÉPONSE. »

Katharine Graham

Les faits,
strictement les faits…

Dashiell Hammett
1894, Saint Mary's, Maryland – 1961, New York

«Tu préfères Chandler ou Hammett ?
— Moi, je trouve que l'un ne va pas sans l'autre.
— T'as raison : Raymond, avec ses lunettes, son chat, sa pipe, l'ancien banquier reconverti dans l'écriture du roman noir, son sens de l'atmosphère, l'invention du "privé", Philippe Marlowe, que Bogart va incarner pour l'éternité avec *Le Grand Sommeil*, n'a aucun rapport avec Hammett, qui fut lui-même un détective privé.
— Chandler appartient au club très fermé, à ses débuts, de la *hard-boiled school*, les durs à cuire, la *pulp fiction*. Avec Hammett, il a réussi à faire oublier l'étiquette réductrice du "polar" pour entrer dans la littérature. André Gide le tenait pour un précurseur, mon Raymond. Je suis un chandleromane. Il mérite la Pléiade.
— D'accord, mais c'est mon Dashiell qui est le maître, le patron. Il a atteint une quasi-perfection dans la description des personnages, leur action. Ton Chandler fait dans la psychologie, le sentiment, voire la pensée. Hammett a choisi l'école de l'observation, le comportement. Ses héros, comme le détective idéal, Sam Spade (que Bogart, encore lui ! interprétera dans *Le Faucon maltais* – formidable adaptation d'un des chefs-d'œuvre d'Hammett) n'expriment pas leurs états d'âme. Ils font, ils sont, ils disent. Hammett possède une écriture dépouillée, reposant sur les faits, strictement les faits. Son "continental op" qui débarque dans une ville pourrie, qu'il appelle la Cité du poison, est un "opérateur". Il vient nettoyer. Il n'explique rien. Il agit.
Il est le modèle standard de tout ce que le cinéma américain va fabriquer.
— Ah ça, en effet, Hollywood lui doit beaucoup, à lui et à Chandler ! À eux deux, ils auront écrit la Bible, la charte définitive et les personnages types que des centaines de scénaristes et cinéastes vont inventer. Adapter Hammett au cinéma, c'est du gâteau.
— Comme pour Chandler, mais aussi pour tous leurs disciples (Mc Coy, James Cain), tous ces écrivains qui ont compris que la veine fondamentale du roman américain était l'aventure, la fuite, la poursuite, et ils ont transposé les récits de "la Prairie" pour les faire entrer dans la jungle des villes. C'est Jacques Cabau qui a le mieux décortiqué ça.
— Bien sûr, mais je reviens à Hammett. Il a eu une vie romanesque. Homme de gauche, il a fait de la prison en 1951, au temps du maccarthysme, pour avoir refusé la délation. Il avait du charme, grand et fin, peu loquace, il ressemblait à ses personnages.
Il a vécu avec une romancière aussi romanesque que lui, Lillian Hellman. C'est un maître, le pionnier du roman noir. Camus, Sartre, Gide ont reconnu son style, sa vision du mystère de l'homme et de la violence des sociétés, le pathos, le destin, les pulsions secrètes qui agitent les êtres humains. Faut pas négliger Hammett.
— Je ne le néglige pas du tout.
— T'as pas intérêt, mec. »

L'écrivain Dashiell Hammett, qui avait des accointances avec le marxisme, a connu trois procès : en 1951, on l'accuse d'être l'un des administrateurs du fonds de cautionnement du Congrès des droits civiques de New York. En 1953, il répond à des questions lors d'une audience à huis clos devant le Sénat américain (elle est rendue publique en 2003). Le troisième procès, dont on trouve ici un cliché, le met face à une commission du Programme d'information du département d'État, le 26 mars 1953, qui l'interroge sur la supposée propagande communiste dans ses ouvrages.

La « dimension supérieure »

Ernest Hemingway

1899, Oak Park, Illinois – 1961, Ketchum, Idaho

Une nuit de 1957, sur les hauteurs de Beverly Hills, sous une lune irréelle, j'ai entendu Anaïs Nin évoquer Ernest Hemingway, qu'elle avait rencontré autrefois, lors d'un dîner entre amis à New York où il venait rarement. Il n'aimait pas la grande cité américaine, il lui préféra toujours les villes européennes, Paris avant tout, mais aussi Séville, Madrid, et d'autres. Ça se passait dans un cercle intime composé de quelques écrivains, leurs compagnes ou leurs épouses, un ou deux peintres, et Anaïs Nin, à l'époque en pleine passion amoureuse avec Henry Miller.

Dans la fumée des cigarettes, Hemingway s'extrait d'un fauteuil, déploie sa grande et robuste carcasse. Il ne porte pas encore la barbe, son beau visage est barré d'une moustache épaisse.

Il se met à arpenter le salon, en grommelant à l'adresse des artistes qui discutent de leur vocation, leurs objectifs et leurs échecs : « Je sais qu'il existe une dimension supérieure, mais je n'arrive pas à l'atteindre. » Il va répéter plusieurs fois la phrase, comme un mantra. Belle anecdote, authentique, recueillie de la bouche d'une femme qui avait connu toute cette « génération perdue » dont parla Gertrude Stein. J'ai retenu ces mots. Ils traduisent l'anxiété et l'insatisfaction de l'écrivain, mais toute l'œuvre d'Ernest Hemingway tend à démentir cet aveu.

La « dimension supérieure » d'Hemingway, elle, n'est plus à démontrer. Il suffit de le relire. Joan Didion, excellente chroniqueuse de la vie en Californie, a dit un jour qu'il n'existe pas un romancier américain sur l'espace de plusieurs générations, qui n'ait été inspiré et marqué par les premières phrases de *L'Adieu aux armes*. Elles m'ont aussi souvent habité, tellement l'apparente simplicité de leur construction correspond à ce que, comme beaucoup d'autres, j'ai tenté de faire : « Cette année-là, à la fin de l'été, nous habitions une maison dans un village qui, par-delà la rivière et la plaine, donnait sur les montagnes. Dans le lit de la rivière, il y avait des cailloux et des galets, secs et blancs au soleil, et l'eau était claire et fuyait, rapide et bleue, dans les courants. » Tout le style d'Hemingway est là, comme une musique, comme un poème.

On sait que, pour rédiger cet incipit, Ernest, qu'on appela « Papa » à partir d'un certain âge, travaillait lentement, debout comme Victor Hugo, rédigeant d'abord à la main, puis retapait ses lignes à la machine à écrire – une Royal chez lui, une Corona portable n° 3, en voyage. On sait qu'il avait adopté une discipline d'acier : cinq à six cents mots par jour, pas plus, pas moins.

Et qu'il réécrivit trente-neuf fois le chapitre final de cet *Adieu aux armes*. Et qu'il s'arrêtait quand il sentait qu'il y avait encore ce qu'il appelait du *juice* (du jus), et qu'il savait donc comment il pourrait reprendre la suite, le lendemain. On sait qu'il a inventé un style et qu'il a été imité et inimitable.

Dans sa belle propriété de Finca Vigia, à Cuba, que j'ai eu le bonheur de visiter, il y a une pièce qui me fascine : des milliers de livres annotés, les outils, crayons, encriers, stylos et machine. Dans un placard, sa veste militaire de *War correspondant*. Aux murs, des trophées de chasse et de pêche. C'est un endroit envoûtant, habité par la présence de l'homme qui, après avoir donc écrit ou réécrit (ce qu'il avait rédigé la veille) partait sur le *Pilar*, son bateau vert et noir, long de treize mètres, à la pêche au marlin, à l'image d'un certain *Vieil Homme et la mer*. Qui avait connu la guerre d'Espagne, avait eu faim à ses débuts dans le Paris des années 1920, à l'époque où il sauçait son assiette de thon à l'huile chez Lipp et allait admirer des Cézanne. Qui avait, dans ses dépêches de journaliste pour le *Toronto Star*, décrit Mussolini de façon ironique et cinglante. Qui avait assisté au débarquement du 6 juin 1944 en Normandie.

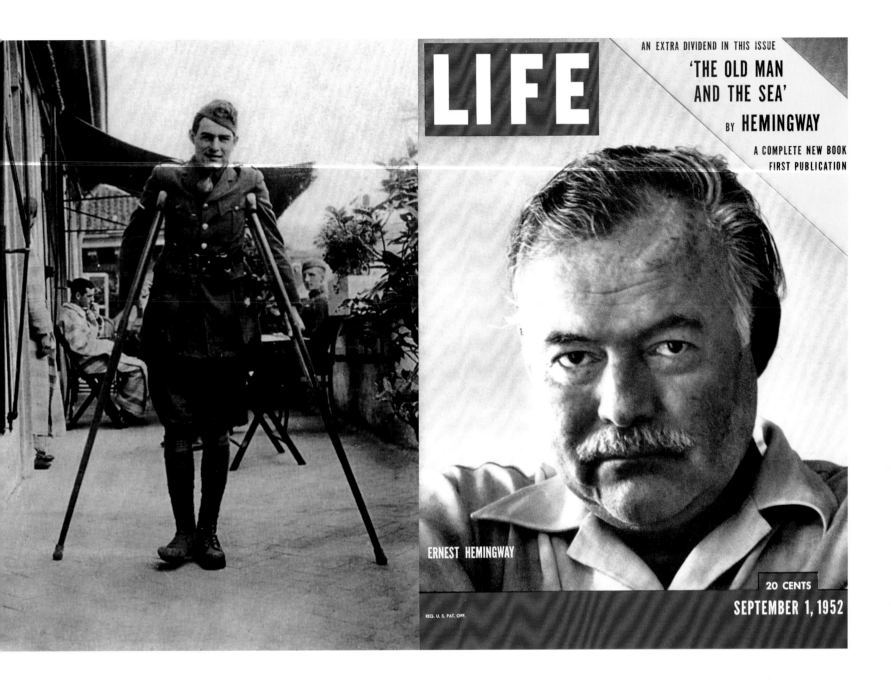

Qui avait été marié, divorcé, remarié, redivorcé, entretenant avec les femmes de sa vie une relation soit idyllique soit ambiguë, chargée de l'influence de sa mère, Grace, qui, lors de son enfance à Oak Park, près de Chicago, l'habilla en fille jusqu'à l'âge de trois ans. Qui faisait le matamore, le boxeur, le chasseur, l'aficionado et macho, écumant les bars en buvant de façon excessive. Mais qui, lorsqu'il se débarrassait de ces uniformes, masques, déguisements, parades et parures, laissait de côté son arrogance, ses tartarinades, sa comédie — il lui arrivait de parler de lui à la troisième personne, imitant un guide africain ou un coureur de bois indien comme dans les forêts de l'Illinois, aux côtés de son père, qui se suicida, comme il le fera plus tard —, lorsqu'il se dénudait, Ernest, c'est-à-dire lorsqu'il écrivait, il était proche

de la perfection et aussi de la perception des choses — l'angoisse du néant comme l'expérience de la mort et du feu. Il avait tout vécu pour pouvoir tout reproduire sur le papier.

« Les choses, disait-il, ne peuvent être apprises rapidement et seul le temps, notre seul bien, sert à payer cher leur acquisition. » Au-delà du récit, la maîtrise du dialogue, l'art de la description, Hemingway abordait l'absurde, la force morale, le stoïcisme.

Il respecta le classicisme de ses modèles : Flaubert, Maupassant, Dostoïevski, mais il sut construire son propre monde, dire sa philosophie de vie. Il écrivit sa chanson, chant quasi désespéré, chant d'une grande beauté. Était-il seulement conscient de cette œuvre à venir, cette ambition, qui le mena de *Pour qui sonne*

le glas à *Paris est une fête*, en passant par plus de cinquante *short stories* – ces nouvelles, purs joyaux d'écriture, en était-il conscient lorsque, à dix-neuf ans, il débarqua dans la salle de rédaction du *Kansas City Star* ? Qui n'a pas connu cette première entrée dans l'univers d'un journal ne peut comprendre la passion du journalisme, et comment cette atmosphère vous saisit, comme un parfum, une drogue.

C'est l'un des premiers grands tournants de sa vie. Il pénètre dans ce qui, à l'époque, constitue le saint des saints de la presse écrite. Il s'y frotte avec des personnages romanesques, exubérants, amoureux d'une prose efficace, la plus vigoureuse du moment, ce qui fait que le *Star* formera le creuset de tout le bon journalisme américain d'avant-guerre. Des types inconnus, comme le chef d'infos, Hopkins, qui va tomber en arrêt sur un court article, non signé, et où l'on ressent déjà le style de ce jeune homme « bouillant d'énergie », ou bien Brumback, qui lui dit : « Tu as du génie. » Il apprend par cœur les « tables de la loi », une longue page imprimée en colonnes simples, qui contient les cent dix règles d'écriture à respecter : « Utilisez des phrases courtes. N'employez pas de vieil argot. Peu d'adverbes. Évitez les adjectifs extravagants comme "splendide" ou "magnifique". Allez chercher les faits et les images. » Le jeune homme, à qui sa prof de lettres, lorsqu'il était gamin, avait prédit un grand avenir, va toujours respecter cet « art d'écrire ».

Art d'écrire – c'est bien le terme. Sa mystérieuse capacité à utiliser des répétitions, comme on fait en musique, sa faculté de précision, ses dialogues dépourvus de toute graisse, toute gratuité, son sens inouï du détail et de l'observation, sa fascination pour la nature, son ironie et sa tendresse – tout est immédiatement accessible à n'importe quel lecteur.

Et le plus décrié de ses romans (au titre nostalgique, *Au-delà du fleuve et sous les arbres*) n'en demeure pas moins, en tout cas à mes yeux, irremplaçable. « Au mieux, écrire est une vie solitaire » disait « Papa », qui appuie les deux canons de son fusil de chasse Boss contre son front, un petit matin du 2 juillet 1961, pour mettre fin à ses jours, parce qu'il ne pouvait plus écrire, précisément. Ni boire, ni chanter, ni baiser, ni chasser, ni pêcher : passe encore ! Mais ne plus écrire ? Alors là, en effet, il valait mieux ne plus vivre.

Salut à Hemingway, maître, modèle et mentor.

« PERSONNE NE VIT COMPLÈTEMENT SA VIE, SAUF LES TORÉADORS. »

Ernest Hemingway

Ernest Hemingway et son ami, le très renommé matador espagnol Antonio Ordonez, dans l'arène de l'Escorial en 1960. Ce dernier va inspirer l'écrivain pour L'Été dangereux, qui décrit l'univers de la corrida, texte publié dans le magazine Life, avant de sortir en librairie. Photographie de Loomis Dean.

« La classe »

Katharine Hepburn

1907, Hartford, Connecticut – 2003, Old Saybrook, Connecticut

Pour Katharine, qu'on appellait Kate, il y a une scène qui dit tout d'elle. C'est dans *Philadelphia Story*, film qu'elle produisit et pour lequel elle imposa au vilain Louis B. Mayer (de la célèbre MGM, la Metro Goldwyn Mayer) les deux jeunes premiers de son choix, Cary Grant et James Stewart. Fille de la haute société, gâtée, capricieuse, tyrannisant les hommes et les charmant dans la foulée, habillée à la perfection (il existait un style Hepburn, les grands couturiers n'ont jamais cessé de s'en inspirer), avec ce visage angulaire, qui prend si bien la lumière, ces yeux étincelants d'humour et de certitude, son accent qui sentait l'argent de la Nouvelle-Angleterre, elle incarne un personnage très proche de ce qu'elle est dans la vie. À un moment, elle évoque avec Cary Grant le souvenir d'un voilier qu'ils ont aimé : « *My*, dit-elle, *she was yar.* » Intraduisible, ce « *yar* » prononcé sur le ton d'une snob, initiée, adjectif propre à l'univers des clubs de yacht, des hommes en blazer et pantalon blanc, des femmes à chapeaux indescriptibles.

On lui trouvait une attitude hautaine, à Hollywood, trop « métallique », trop féministe aussi, trop capable de démontrer sa facilité à couper les couilles des hommes en pamoison devant la supériorité de son intelligence, l'acuité de son humour, la vivacité de son esprit, sa culture. Elle portait le pantalon comme aucune autre – ça avait fini par déranger les studios qui craignaient une désaffection des spectateurs des salles obscures. Alors, malgré ses succès, un distributeur important la définit un jour comme du « *box office poison* » – du poison pour les recettes. Pas assez grand public. Elle survécut à cet anathème. Elle a reçu quatre oscars et un record de nominations. Avec Spencer Tracy, une sorte de Jean Gabin américain, carré, épais, proche du peuple, Kate va vivre vingt-six années d'amour – sans union, puisque Tracy, catholique, refuse de divorcer.

Hepburn est la face renversée des *pin-up girls*, les blondes aux poitrines et croupes avantageuses, dont le cinéma des années 1930 à 1950 avait besoin pour faire fantasmer les foules. Grâce à sa posture, ses choix, son talent d'actrice et grâce à cette distance aristocratique qui la détache du lot, Katharine Hepburn impose l'idée qu'après tout, à Hollywood – et en Amérique puisque, en ces époques, Hollywood était mandatée pour représenter l'Amérique aux yeux du monde – existaient aussi des êtres de distinction et de finesse, des personnes qui n'avaient rien à envier à ces « Européens » inégalables grâce à leur héritage. Katharine avait plus de « classe » que toutes. La classe, c'est cela, le sens caché du mot « *yar* ».

Katharine Hepburn est déjà une star quand Ernest Bachrach la photographie avec autant de détermination, vers 1935. Elle a obtenu l'oscar de la meilleure actrice pour son troisième film, Morning Glory *de Lowell Sherman, sorti en 1933, et sa collaboration avec George Cukor est amorcée depuis l'année précédente, avec* Héritage (A Bill of Divorcement).

Pages suivantes à gauche
Katharine Hepburn dans Sylvia Scarlett, *où elle se fait passer pour un garçon. Le film, qui aborde la question de l'identité sexuelle, fait scandale lors de sa sortie en 1935, autant auprès de la critique que du public. Photographie d'Ernest Bachrach datée de la même année.*

Pages suivantes à droite
Katharine Hepburn dans le film de Philip Moeller Cœurs brisés (Break of Hearts) *sorti en 1935 : Constance Dane, jeune musicienne inconnue, est amoureuse de Franz Roberti (joué par Charles Boyer), célèbre chef d'orchestre avec qui elle se marie rapidement et va connaître un chagrin d'amour.*

KH-482

NY 816 4

« *QUELQUEFOIS, JE ME DEMANDE SI LES HOMMES ET LES FEMMES SONT FAITS POUR VIVRE ENSEMBLE.* PEUT-ÊTRE QU'ILS DEVRAIENT SE CONTENTER D'ÊTRE VOISINS ET DE SE RENDRE VISITE DE TEMPS À AUTRE. »

Katharine Hepburn

Katharine Hepburn dans les bras de James Stewart pour une image de promotion du film Indiscrétions *(The Philadelphia Story), de George Cukor, sorti en 1940. L'actrice a triomphé sur les planches du Shubert Theatre de Broadway, à New York, en jouant cette comédie de mœurs deux années auparavant.*

Page de droite
Katharine Hepburn dans son second film La Phalène d'argent *(Christopher Strong) réalisé par Dorothy Arzner, en 1933. Elle y interprète une pilote, femme indépendante du nom de Lady Cynthia Darrington, qui ressemble fort à Amelia Earhart...*
Photographie de Robert Coburn, 1933.

Lady sings
the blues

Billie Holiday

1915, Baltimore, Maryland – 1959, New York

Le désespoir, les bas-fonds, la drogue, les amants, le jazz, le monde des Noirs, le phénomène du *Strange Fruit*, la chanson qu'elle crée en 1939 et qui l'immortalisera… Il faut dire que Billie Holiday l'a interprétée comme une déclaration de guerre à la ségrégation : « Des arbres du Sud portent un étrange fruit / Du sang sur les feuilles ruisselant jusqu'aux racines », poème rédigé par un enseignant juif du Bronx. La plupart des radios de l'époque décidèrent de la censurer. C'est une sorte d'Édith Piaf, cette *« lady who sings the blues »*. Enfance abandonnée, aucune instruction musicale, un don pur et une maîtrise du vibrato, une présence, une osmose avec les musiciens, un amour invétéré pour la musique de son peuple. Elle disait : « On me demande d'où vient mon style. Que répondre ? J'ai pas l'impression de chanter. J'ai la sensation de jouer un instrument. Je déteste la chanson traditionnelle. J'ai besoin de sentir. Donnez-moi une chanson que je ressens, et ce n'est plus du tout du travail. » Billie va écrire aussi « *Don't explain* ». Ne m'explique rien, dira-t-elle, en référence à l'infidélité de son mari de l'époque, Jimmy, qui rentre à la maison avec du rouge à lèvres sur le col de sa chemise. Elle en fera un de ses plus beaux titres.

Cette chanteuse d'instinct est, pour moi, plus impressionnante qu'Ella Fitzgerald. Elle m'intrigue autant par l'énigme de cette voix que par ses propos empreints de dérision. Elle disait : « Il est parfois pire de gagner un combat que de le perdre. » Cures de désintoxication, quatre séjours en prison, des hommes à la pelle, du succès à n'en plus finir, Eleonora Fagan Cough Holiday, Billie, qui buvait du gin au petit-déjeuner, c'est un style, la lumière d'un visage et l'intensité d'une musique qui vient de loin. Le gardénia dans les cheveux, les gants blancs, cette voix qui reste en nous, le soir autour de minuit ou encore beaucoup plus tard, quand tout est sombre et que seul, le « blues » peut exprimer l'inquiétude et la mélancolie, la langueur du passé, la mémoire des humiliations.

Billie Holiday chante son célèbre Fine & Mellow (My man don't love me [Mon homme ne m'aime pas] / Traets me Oh so mean [Il me traite oh si mal]), accompagnée de James P. Johnson au piano et d'autres musiciens, durant une jam session au studio du journal Life. Photographie de Gjon Mili de 1942.

À droite
Le saxophoniste de jazz Ben Webster, sur la gauche, Billie Holiday, un guitariste inconnu derrière elle et Johnny Russell qui posent dans le quartier de Harlem, en 1935, à New York.

Portrait de Billie Holiday
réalisé en studio dans
les années 1940. Victime de
la drogue et de l'alcool,
Holiday parvenait néanmoins
à afficher un charme
trompeur.

Page de droite
Billie Holiday avec le grand
chef, grand jazzman Count
Basie, dans la lumière du
projecteur du théâtre Strand
de New York, en 1948. Elle est
à son apogée. Ses disques
avec Lester Young remportent
de grands succès et elle se
produit avec Lionel Hampton
à la radio.

Dépeindre en maître
la « lonely crowd »

Edward Hopper
1882, Nyack, New York – 1967, New York

C'est bien gentil de vouloir chanter l'enchantement de l'Amérique, sa nature luxuriante, la majesté de ses espaces de l'Ouest, la beauté renversante de ses forêts. C'est bien gentil de célébrer le dynamisme de l'homo-americanus, sa convivialité, son sourire, son « vivre ensemble », sa positive approche de la vie et de l'avenir, cet homme – comme cette femme – pour qui « demain est un autre jour ». Ces femmes de glamour, de souplesse et de sensualité, ces enchanteresses. Et lui, ce bagarreur, bavardeur, pionnier au regard franc, buveur de bière au sein d'une communauté qui bruisse, un groupe, cette humanité qui se touche, se congratule, s'unit dans le même combat pour la victoire de la liberté, la poursuite de l'excellence et, surtout, celle du bonheur. La poursuite du bonheur, c'est le mot : la poursuite. L'ont-ils jamais rattrapé, ce bonheur ? Quel est ce mythe ? N'y a-t-il pas autre chose derrière « le rêve » ? Il y a la réalité du quotidien. C'est bien gentil, les stars, les héros, les étincelantes réussites dues à l'esprit d'entreprise autant qu'à la conviction, toujours clamée haut et fort, que « rien de grand ne se fait sans les autres ». C'est bien gentil, « les autres ».

C'est bien gentil, tout cela, mais les romanciers et nouvellistes américains, de John Fante à John Cheever, de Raymond Carver à Philip Roth, de James Agee à John Updike, de Scott Fitzgerald à Dos Passos, de Sinclair Lewis à John O'Hara, de Irwin Shaw à James Jones, de Flannery O'Connor à Sylvia Plath, de Carson McCullers à Joyce Carol Oates, de Norman Mailer à William Styron, et de Robert Penn Warren à Upton Sinclair, ont tous écrit avec un talent multi-divers que leur pays, leur civilisation, ne constituait en rien un « rêve » d'opulence et de fraternité. Tous ont remarquablement répondu à la vocation du romancier : dépeindre l'anxiété et le désenchantement, la solitude, le vide, l'interrogation qui conduit à la

phrase de Fitzgerald dans *La Fêlure* : « Dans la vraie nuit de l'âme, il est éternellement trois heures du matin. » Si j'utilise le terme « dépeindre », c'est que ces réalités de la chose américaine ont été interprétées par d'autres artistes – en particulier les peintres, en particulier l'un d'entre eux, Edward Hopper. Il a peint l'ennui américain, l'abandon américain, le néant américain, l'ambiguïté et la question posée par tout être humain : « Que fais-je dans ce monde ? » Que font les personnages de Hopper dans le monde du milieu du xxe siècle américain ? Ils appartiennent à ce qu'un sociologue intitula *the lonely crowd* – « la foule solitaire ». Dans des scènes ou des décors d'apparence banale, anecdotique, cet artiste dont l'autoportrait révèle un regard attentif, une bouche close, une allure discrète, est devenu celui que l'on appela « le témoin silencieux » d'un pays et d'une humanité peu semblables aux clichés souriants véhiculés par d'autres moyens. Influencé par Manet et Degas, il vivait modestement dans un immeuble sans ascenseur de Greenwich Village à New York, et y demeura même au sommet de sa gloire, car après de longues années dans le désert critique, il finit par être reconnu comme un maître, un réaliste exprimant ce qu'il y a de plus poignant dans la vie quotidienne. Des femmes seules dans des intérieurs souvent vides ; des buildings ou des maisons sous la lumière d'un soleil qui se couche ou se lève ; des personnages qui semblent détachés les uns des autres, enfermés dans leur mélancolie ou l'attente de quelque chose qui n'arrivera pas – l'amour, la paix intérieure. Hopper est un extraordinaire illustrateur dont la science de la lumière, le cadrage, l'observation, le don poétique de la représentation à la fois réaliste et irréelle des maisons, des rues, des villes, des murs et des briques, des lucarnes et des voies de chemin de fer, d'une Amérique où l'espace n'est pas exaltant mais angoissant, arrêtent l'œil. Vous restez devant

n'importe quelle toile de Hopper, ces « chambres avec vue », ces femmes contemplatives, nues ou à moitié habillées, aux positions évoquant une recherche de tendresse ou un désir violent, qui restera insatisfait – vous y restez suffisamment longtemps pour lire l'intention de Hopper : refléter le caractère de son pays, la tension entre la nature et la culture, l'immobilité et le silence en opposition à la vitesse de la vie moderne. C'est très fort : sens original des couleurs, ligne graphique claire, un don pour capturer ce qui est essentiel.

Je ne connais pas de plus éclatante démonstration du talent figuratif de Hooper que son fameux *Nighthawks*, qui date de 1942 – la toile, parmi ses plus de trois mille œuvres, qui a inspiré cinéastes, romanciers, affichistes, photographes et dessinateurs de BD et que j'ai admirée dans un musée de Chicago.

On est dans la nuit noire et bleu foncé, au centre même d'une ville vide. On pourrait se trouver à Detroit, Los Angeles, Baltimore, Duluth dans le Minnesota, peu importe : il s'agit, au coin de deux rues, d'un décor de bar, d'un style qui disparaît peu à peu du paysage urbain américain. Quatre personnages sont figés dans cet endroit banal, aux lignes quasi abstraites. Chaque détail attire, car Hopper réussit à les singulariser : deux salières, un bâton de rouge à lèvres, un verre, un chapeau mou, le comptoir acajou, des tabourets. Le serveur, voûté sur son travail, semble scruter la rue verte et bleue, au-delà des vitres, comme s'il craignait je ne sais quelle irruption de délinquance. Un consommateur est assis, vu de dos, comme perclus de fatigue,

de lassitude. Et puis, un couple formé d'un homme à chapeau gris et bande noire, habité, lui aussi, par ce qui pèse si lourd : la routine, l'ennui. Un mégot au bout des doigts. La femme a de longs cheveux roux et une robe rose, elle est maquillée ; on pourrait imaginer qu'ils sortent d'un hôtel proche où ils ont eu un rapide rapport sexuel qui n'a comblé ni l'une ni l'autre.

On peut aussi imaginer qu'elle n'a peint son visage que parce qu'il faut le faire, c'est comme ça, c'est l'usage, même si cela n'aboutit à rien d'autre que cette incommunication qui se dégage du couple. Un tableau ne transmet, en principe, aucun son et pourtant, on croit entendre le silence de cette scène intense. Les couleurs sont de bois foncé, de vert épais, de bleu diaphane du métal de deux percolateurs, de blanc mat des tasses de café, tout est en place pour transmettre le silence de ces quatre *Nighthawks*, terme que l'on peut traduire par « noctambules ». Oiseaux de nuit. Personne ne les regarde. Ils sont perdus dans leur isolement et me font penser à cette phrase de Thoreau : « La plupart des gens vivent des vies de désespoir tranquille. »

« J'AI ESSAYÉ DE TRADUIRE MES SENSATIONS À TRAVERS LE MOYEN QUE JE TROUVAIS À LA FOIS LE PLUS INTUITIF ET LE PLUS SPECTACULAIRE. »

Edward Hopper

La complexité
d'un grand homme

Thomas Jefferson
1743, Shadwell, Virginie – 1826, Monticello, Virginie

C'est sur son front large et son nez aquilin que Cary Grant et Eva Marie Saint tentent d'échapper aux méchants espions de *La Mort aux trousses* d'Hitchcock. Ce visage gigantesque, incrusté dans le granite du mont Rushmore près de Keystone, dans le Sud Dakota, trône aux côtés de trois autres présidents historiques : George Washington, Theodore Roosevelt et Abraham Lincoln. Sur 5 kilomètres et 17 mètres de long, à 1 745 mètres d'altitude, le monument qu'un certain Gutzon Borglum, suivi de son fils, eut la patience de sculpter, exprime bien le rôle majeur de ces hommes – la vénération dont ils sont l'objet. Chaque année, plus de trois millions de touristes viennent se figer face à cet étonnant quatuor, rappelant ainsi qui était qui et qui fit quoi, puisque ces personnages n'ont pas été choisis par hasard parmi tous les « grands hommes » qui ont fait l'Amérique. Thomas Jefferson appartient à ce club exclusif, cette suprême élite, celle des pères fondateurs. De tous ces bâtisseurs d'une nation, il me semble qu'il représente la complexité et les caractéristiques de ses concitoyens, ces hommes et femmes venus d'ailleurs pour établir une « cité nouvelle », ces colonisateurs en majorité de souche anglo-saxonne. Ces aristocrates d'origine britannique, devenus américains, et dont la première

mission fut de chasser les Britanniques, ces adorateurs d'un mot et d'un principe synonymes de *freedom* – celui d'indépendance.

Avec ses taches de rousseur, ses cheveux couleur sable et ce nez sur lequel iraient, un bout de siècle et demi plus tard, se balader les acteurs d'Alfred Hitchcock (il faut être honnête : dans le film, il s'agit, bien sûr, d'une maquette), avec sa taille et la position avantageuse de son poitrail, Jefferson ressemble à ce qu'il est : le fils d'un riche propriétaire d'une plantation sur la frontière ouest de la Virginie, dans le comté d'Albemarle. Il y a une centaine d'esclaves noirs sur ces terres qui couvrent 12 000 hectares. C'est là que Thomas va entamer une vie remarquable. Il apprend très tôt et il ne s'arrêtera jamais. Jugez plutôt :

• À cinq ans, il étudie sous la férule de son cousin.
• À neuf ans, il se met au latin, au grec et au français.
• À quatorze ans, il attaque la littérature classique et une ou deux langues étrangères de plus.
• À seize ans, il est admis au collège de William et Mary où il étudie le droit pendant cinq années.
• À vingt-trois ans, il ouvre son propre bureau d'avocat.
• À trente et un ans, il rédige un opuscule qui va être distribué très largement, « une vue d'ensemble des droits de l'Amérique britannique ». Il décide de quitter le barreau pour se présenter au deuxième Congrès où il est élu.
• À trente-trois ans, il écrit la « Déclaration d'indépendance ». C'est une date capitale. Ce document, l'un des plus précieux de toutes les archives américaines, Jefferson ne l'a pas rédigé seul. Il est l'auteur du premier *draft*, au sein duquel on décèle l'une des qualités de l'intelligence jeffersonienne : le *common sense* – le sens commun, l'évidence, la clarté. Un comité de cinq sages avait décidé de lui confier cette tâche, car ses collègues avaient déjà apprécié l'éloquence dans l'écriture, la limpidité du style, la vision d'un homme attaché

Un lieu saint de la démocratie américaine : le célèbre mont Rushmore, dans le Dakota du Sud, où les têtes des présidents les plus célèbres sont sculptées dans le roc. De gauche à droite :

George Washington, Thomas Jefferson, Theodore Roosevelt et Abraham Lincoln. Débutés en 1927, les travaux, menés parfois à la dynamite, s'achèvent quatorze ans plus tard.

à se débarrasser définitivement du joug britannique. Entre juillet-août 1776, la Déclaration, signée unanimement par les cinquante-six délégations du Congrès, est largement distribuée. Le bouche à oreille transmet le contenu sur les bateaux, dans les rangs de la cavalerie, devant les troupes de la jeune armée qui incarne la résistance contre la tyrannie britannique. La grande révolution américaine est en marche, treize ans avant la française.

• À trente-six ans, il est élu gouverneur de Virginie.

• À quarante et un ans, il assume la fonction de ministre plénipotentiaire en France.

• À quarante-cinq ans, il est nommé premier secrétaire d'État (équivalent de ministre des Affaires étrangères) sous la présidence de George Washington.

• À cinquante-sept ans, il devient le troisième président des États-Unis.

• À soixante ans, il réussit l'extraordinaire acquisition de la Louisiane, privant ainsi les Français d'un immense territoire qui s'étendait sur la rive droite du Mississippi. Malheureux Français qui, s'ils avaient conservé ce trésor géographique, auraient peut-être joué un rôle immesurable dans l'Amérique naissante, voire l'Amérique d'aujourd'hui!

• À soixante et un ans, il est réélu président.

• À soixante-cinq ans, il prend sa retraite à Monticello, une demeure qu'il fait construire, dont il a dessiné tous les plans – alors qu'il n'avait jamais abordé l'architecture. Dans ce domaine, comme dans beaucoup d'autres, l'esprit encyclopédique et éclectique de Jefferson fait des merveilles. Il ordonnance les jardins, il invente un fauteuil qui tourne sur lui-même, une forme plus efficace de charrue, qui lui vaut la médaille d'or dans une exposition en France, il met au point une machine à copier les lettres et un podomètre qui mesurera la longueur de ses marches à pied à travers les jardins de sa splendide propriété.

Il meurt à quatre-vingt-trois ans.

Idolâtré, encensé, quasi sanctifié – et, cependant, on découvrira plus tard qu'une de ses esclaves noires, Sally Hemings, était sa maîtresse et lui donna des enfants. Ce « libéral » qui croyait à l'infériorité des *Blacks*, cet adversaire de l'esclavage qui, cependant, les exploitait sans vergogne, s'est donc inscrit, parmi les premiers, dans cette longue et ambiguë histoire de la relation entre un peuple soumis et un peuple qui s'était battu contre la soumission. Quand les touristes contemplent ce masque figé pour l'éternité dans la montagne du Sud Dakota par un sculpteur fou, d'origine danoise, mesurent-ils toute la complexité de Thomas Jefferson, sa symbolique, son américanité ?

« JE PENSE QUE LES INSTITUTIONS BANCAIRES SONT PLUS DANGEREUSES POUR NOS LIBERTÉS QUE DES ARMÉES ENTIÈRES PRÊTES AU COMBAT. »

Thomas Jefferson

JFK,
trois lettres magiques

John Fitzgerald «Jack» Kennedy

1917, Brookline, Massachusetts – 1963, Dallas, Texas

JFK – Trois lettres magiques. Un sigle, un logo, une marque! Un éternel regret. Qu'il ait réussi à autant «mesmeriser» les foules; que cinquante ans bientôt après sa mort, il demeure encore le sujet de films, mémoires, biographies, confidentielles (et piètres) révélations sur sa vie intime; qu'il subsiste encore à la façon d'une sorte de modèle, d'exemple, d'icône et d'idole, malgré le passage du temps et malgré les révélations cruelles et décevantes sur sa vie privée, ses écarts de conduite, ou ses décisions politiques inachevées, n'a, finalement, rien de surprenant. D'abord, Kennedy meurt en héros de tragédie, victime d'un assassinat d'une violence inouïe et inattendue, avec ces multiples énigmes de Dallas, Oswald, Jack Ruby – le deuxième ou troisième fusil? Toutes encore irrésolues, toutes encore sujettes à enquêtes, contre-enquêtes, fiction, non-fiction. Ensuite, il aura été accompagné, durant son court mandat, durant sa courte existence (après tout, il n'a pas atteint la cinquantaine lorsque son crâne éclate comme une tomate dans la Lincoln décapotable le 22 novembre 1963, dans Elm Street) par une femme, Jacqueline, née Bouvier, qui deviendra plus tard Onassis, et qui se mue en légende – mais légende vivante. Jackie O'… Elle a révolutionné la Maison-Blanche en imposant un style radicalement différent de celui de toutes les First Ladies qui l'ont précédée. Elle était élégante, fine mouche, patiente (elle a supporté les infidélités d'un époux priapique), cultivée, soucieuse de bien élever ses deux enfants. Elle a conservé son tailleur Chanel taché de sang jusqu'au retour d'Air Force One à Washington dans la nuit, remarquable figure de madone et martyre, de veuve au sang-froid d'organisatrice qui, dès le lendemain, ordonnance les funérailles de son mari comme l'on a rarement fait aux États-Unis ou ailleurs. Étonnante adulte, capable, lorsque son beau-frère Bobby sera lui aussi assassiné,

d'aller chercher refuge chez un milliardaire grec au risque de scandaliser les bien-pensants et une nation tout entière. Elle est aussi romanesque que son mari défunt. À eux deux, ils sont, et restent, les protagonistes d'une des plus spectaculaires sagas dont les Américains sont friands – comme le reste du monde, d'ailleurs. J'ai vécu Dallas. J'ai vu Oswald dans sa cellule. J'ai parlé avec un drôle de petit homme salace, Jack Ruby, portant un chapeau de gangster venu des années d'Al Capone, qui se baladait librement dans les couloirs du commissariat de police de Dallas, au milieu de centaines de journalistes déchaînés. J'ai passé trois ans de ma vie de «grand reporter» à m'occuper de ce mystère: y avait-il complot ou pas, pourquoi tant de témoins qui disparaissent, quel crédit apporter au fameux «Rapport de la commission Warren»? Je me suis toujours souvenu que, trois mois avant sa mort, en été 1963, au cours d'une enquête qui m'avait conduit dans le Sud-Ouest (Texas, Arizona), j'avais fréquemment entendu la phrase: «*Somebody should shoot that son of a bitch.*»

Ce «fils de pute», détesté des réactionnaires, des pétroliers, des racistes, des nostalgiques de la baie des Cochons, des mafiosi du crime, était un mélange de beauté masculine, d'allure télégénique, de tolérance dans le jugement, un lecteur avide d'Histoire, un politique chevronné, un héros de guerre, un lanceur de modes et de tendances, un formidable exploiteur du talent des autres. C'est aussi cela, un homme d'État: savoir utiliser les bons auteurs de très bons discours, les bons collaborateurs, les bons relayeurs d'opinions. Kennedy possédait un charme, une aura, une distinction, une personnalité qui vous faisaient oublier – sinon excuser – ses failles, ses erreurs quasi inconscientes (on ne couche pas avec une call-girl envoyée par Sam Giancana quand on est 43ᵉ président du pays le plus puissant du monde), ses hésitations sur le Viêtnam ou sur Khrouchtchev. Mais, par ailleurs, avec son frère Bobby, pendant les fameux jours d'Octobre 62, durant la périlleuse crise des missiles de Cuba, il sut faire face à ses militaires, les généraux obtus style Curtis Le May, qui préconisaient qu'on bombarde tout, et il évita ainsi une troisième guerre mondiale. Dans ces instants, il fut exemplaire. C'est peu de dire que cet homme m'intéresse même si, l'Histoire aidant, je me dois de le considérer sans complaisance.

La première fois que je l'ai vu, j'ai été surpris par la couleur sable de ses cheveux. Je l'avais imaginé en noir et blanc. Il était lumineux. Les « Irlandais » qui l'entouraient et son porte-parole, attaché de presse, le mâcheur de cigare Pierre Salinger, m'ont assez raconté que pas un jour de sa vie, Kennedy n'évita la douleur, la souffrance physique. Il avait le dos corseté, il abusait de la cortisone et autres produits – certains non identifiés, fournis par d'étranges médecins, dont celui qu'on surnomma le « docteur Feelgood ». Il avait failli mourir, jeune homme, de complications pulmonaires, il avait aussi failli laisser sa santé en plein Pacifique, une nuit, quand son *PT Boat 109* avait coulé. Il était cicatrisé de partout, vulnérable et, cependant, semblait inaltérable, traversant la vie comme un prince, un athlète, un surdoué. Lors de sa campagne électorale, puis au cours d'une ou deux conférences de presse, j'avais, comme toute ma génération de journalistes, été captivé par sa posture et son accent, ses gestes, la sensation d'aisance et de supériorité intellectuelle ou verbale qu'il diffusait. Et, comme il était conscient de l'effet qu'il pouvait provoquer, il masquait ces traits par un sourire, une réplique habile, un mouvement chaleureux vers les autres. Mais cela ne suffisait pas pour expliquer son aura. Il a marqué le grand tournant des sixties, tourné la page d'une certaine conception de la présidence – ingénieux communiquant, politicien madré et ambitieux chef d'un État qu'il voulait irréprochable. Il s'est souvent trompé, il a souvent trompé, il nous a tous bluffés, mais il est honnête de dire que son mandat reste inachevé et que c'est le malin renard, le Texan « vulgaire » (d'après les Kennedy) et expérimenté, le surprenant L. B. Johnson qui fit passer, après sa mort, les plus grands décrets sur les droits civiques des Noirs. Une présidence foudroyée en pleine progression – avec la quasi-assurance d'une réélection – laisse des regrets, certes, et des questions.

Mais avoir été ainsi fracassé transforme un destin et fait de lui un mythe. Toutes les révélations et tous les inventaires n'y peuvent rien : les coups de feu de Dallas exonèrent JFK de tous ses péchés, ses actes manqués, les invraisemblables imprudences de sa vie sexuelle. Je me dis parfois que s'il avait plu ce matin-là, à Dallas, on aurait mis le toit sur la Lincoln et… et quoi ? Eh bien, je pense qu'il aurait été flingué une autre fois, ailleurs, à Miami, Houston ou Los Angeles. Le crime organisé ne pardonnait pas aux deux frères d'avoir trahi le pacte secret que leur père, Joseph, avait conclu avec les gangsters. Il y avait, chez cet Irlandais qui savait que sa vie serait courte, tous les éléments pour que, en effet, elle soit brève, cette vie, et que, par voie de conséquence, elle continue de nous interloquer. J'espère vivre assez longtemps pour connaître la clé du mystère de Dallas. Si Jack Ruby ne tue pas Oswald, je veux bien croire qu'Oswald a agi seul. Mais voilà, le petit homme au chapeau mou, salace et caricatural, a tiré dans le ventre du « patsy » (bouc émissaire) et j'en suis encore là, cinquante ans plus tard, à jouer avec les théories, à me souvenir du commissariat de police et de ces clowns incompétents de flics texans. Kennedy m'accompagne, comme un membre de ma famille. Je n'arrive pas à en finir avec lui.

John Fitzgerald Kennedy en pleine réflexion sur un rocking-chair dans le bureau ovale, à Washington en 1961. Il faut signaler que l'année de son investiture, en pleine guerre froide, fut riche en événements : en mars, il initie un important programme d'armement ; en avril, on note la tentative ratée d'invasion militaire de Cuba par des exilés soutenus par les États-Unis – le funeste « débarquement de la baie des Cochons » ; en mai, il lance le programme lunaire américain. Photographie de Paul Schutzer.

« *L'HUMANITÉ DEVRA METTRE FIN À LA GUERRE,* **OU C'EST LA GUERRE QUI METTRA FIN À L'HUMANITÉ.** »

John F. Kennedy

Page de gauche en haut à gauche
Jacqueline Lee Bouvier au bras de celui qui devient son mari, le 12 septembre 1953, à Newport, Rhode Island.

En haut à droite
John F. Kennedy tout sourire lors de la Convention nationale des démocrates à Chicago, en juillet 1952. En novembre, il est élu sénateur du Massachusetts (il sera réélu en 1958).

En bas à gauche
John F. Kennedy en campagne dans le district de Boston, à l'âge de 29 ans. Au-dessus de lui, l'affiche de la campagne qu'il va remporter ainsi que la photographie de ses parents, Joseph et Rose. Image prise par Yale Joel à l'hôtel Bellevue, à Boston, en septembre 1946.

En bas à droite
Portrait de John F. Kennedy juste avant l'inauguration du barrage- réservoir de Trinity River Whiskeytown, en septembre 1963, devant une foule d'environ dix mille personnes. Photographie d'Art Rickerby.

Un rêve inscrit
dans la mémoire américaine

Martin Luther King

1929, Atlanta, Géorgie – 1968, Memphis, Tennessee

Il est mort jeune, très jeune, en réalité. Parfois, on oublie ce fait : il n'avait que trente-neuf ans. Ça se passe en 1968 – année si chargée d'événements qu'on se demande pourquoi et comment de tels synchronismes surgissent dans l'Histoire. Comme si tout convergeait en une seule période, les révoltes, les tournants de société, les conflits armés, les éclosions culturelles, musicales, comportementales, les renversements politiques. 1968 : il y a cinq ans à peine que le révérend Martin Luther King, figure respectée des militants des droits civiques, précurseur des combats pour l'égalité des Noirs – participant au boycott des autobus de Montgomery, dans l'Alabama (ça avait duré 382 jours) – a prononcé son discours historique : « Je rêve que, un jour, notre pays se lèvera et vivra pleinement la véritable réalité de son credo : "Nous tenons pour vérité évidente que tous les hommes ont été créés égaux."
Je rêve que mes quatre petits-enfants vivront un jour dans un pays où ils ne seront pas jugés sur la couleur de leur peau, mais sur la valeur de leur caractère.
Je fais aujourd'hui un rêve. »
« *I have a dream* » est l'une des formules les plus durablement inscrites dans la mémoire américaine.
Les 250 000 personnes de la marche sur Washington l'ont écoutée et le reste du monde l'a entendue.
Un an plus tard, le pasteur reçoit le prix Nobel.
L'homme qui a été conduit vingt-neuf fois en prison pour son activité militante ne désarme pas.
Les honneurs ne le laissent pas indifférent. Ceux qui le connaissent bien ont conscience de ses faiblesses, ses défauts et, sans doute, ses infidélités conjugales.
La majorité des Blancs du Sud le déteste.
La désobéissance civile, la non-violence, c'était très bien quand il s'agissait de Gandhi, là-bas, très loin

d'eux – mais pas ici, pas dans leur jardin, comme ils disent : « *Not in my backyard*. » Aussi bien, malgré sa stature, presque celle d'un homme d'État qui ne préside aucun État, malgré le respect et le soutien de la Maison-Blanche, malgré l'approbation d'une grande partie des électeurs démocrates, Martin Luther King est loin d'avoir gagné. Son *dream* est loin d'avoir été exaucé. La déségrégation ne progresse que très, très lentement. Ainsi à Memphis, pendant une grève des éboueurs, que combattent les autorités blanches de la ville. King décide de s'y rendre.
Le 3 avril, il dit : « Si nous sommes des enfants du Bon Dieu, nous n'avons pas à vivre comme on veut nous faire vivre. » Le lendemain, en fin d'après-midi, il se trouve sur le balcon de sa chambre d'hôtel.
Il hèle un ami qui passait par là : « Bien entendu, ce soir, tu joues "Seigneur prend ma main". » Un coup de feu éclate. King a la gorge trouée et va mourir une heure plus tard. Nous sommes donc en 1968.
Quarante ans plus tard, le 4 novembre 2008, un nommé Barack Obama est élu président des États-Unis. Il entre en fonction le 20 janvier 2009. C'est un Noir.

Une bien belle journée pour les droits de l'homme en Amérique que celle du 28 août 1963 : après la marche contre les discriminations raciales, le pasteur Martin Luther King s'adresse à quelque 250 000 personnes devant le Lincoln Memorial, à Washington D.C, et prononce son célèbre discours « I have a dream », le rêve d'une Amérique fraternelle.

Page de gauche

Le pasteur Martin Luther King en décembre 1956, à Montgomery, capitale de l'Alabama, durant le boycott des bus contre la ségrégation raciale dans les transports en commun. Dans son discours de 1963, « I have a dream », il lance : « Je rêve qu'un jour, dans l'Alabama [...] les petits garçons noirs et les petites filles noires avec les petits garçons blancs et les petites filles blanches pourront se donner la main, comme des sœurs et des frères. »
Photographie de Don Cravens.

Ci-contre

Une Amérique progressiste en marche. Les leaders pour l'égalité dans la manifestation du 28 août 1963 : Martin Luther King avec les grands combattants des droits civiques, à sa droite Floyd McKissick et, à sa gauche, Eugene Carson Blake.
Photographie de Robert W. Kelley.

Ci-dessous

Martin Luther King, le 1er mars 1965, juste avant un discours face à une foule réunie devant le Capitole de Montgomery, capitale de l'Alabama, après une marche pour le droit de vote des Afro-Américains.
Photographie de William Lovelace.

« *JE RÊVE QU'UN JOUR, NOTRE NATION SE LÈVERA POUR VIVRE VÉRITABLEMENT SON CREDO :* **"NOUS TENONS POUR VÉRITÉ ÉVIDENTE QUE TOUS LES HOMMES ONT ÉTÉ CRÉÉS ÉGAUX."** »

Martin Luther King

Un art,
le 7ᵉ

Stanley Kubrick
1928, New York – 1999, Hertfordshire, Royaume-Uni

Il n'y a pas un département de cinéma d'une université dans le monde où l'on ne puisse trouver un ou plusieurs volumes d'études, décryptages et thèses, sur le cinéma de Stanley Kubrick. De nombreux autres « auteurs » dans l'histoire du cinéma bénéficient de ce constant effort de réflexion de la part d'universitaires, essayistes et, bien entendu, étudiants. Hitchcock, Fellini, Bergman, Dreyer, Melville, Clouzot, Renoir, Kurosawa – on peut continuer encore longtemps. La notion d'« auteur » de films, érigée en loi par les critiques des *Cahiers du cinéma*, a mis en route une machine universelle à faire travailler les cervelles et agiter les neurones, stimuler les théoriciens de tous bords. Le cinéma qui s'est voulu un Art, le 7ᵉ, est donc traité comme tel. Et de même qu'on va étudier Léonard de Vinci, Michel-Ange, Picasso, Beethoven ou Kafka, de même on ne cessera plus de labourer les champs possibles de la culture cinématographique.

Kubrick (son œuvre, ses treize films) est l'un de ceux à propos desquels il s'imagine, se dit et s'écrit le plus grand nombre d'analyses. Je feuilletais récemment une publication de la Presse universitaire du Kentucky qui faisait la *review* d'un ouvrage de deux cent soixante-dix-huit pages d'un certain Philippe Mather de l'université de Regina, Campion, Canada, intitulé *La Philosophie de Stanley Kubrick*. On y parle de Nietzsche, Camus, Sartre, des stoïciens, du mythe de Sisyphe, de l'existentialisme, l'absurde, la théorie freudienne de la peur et du désir, et je ne trouve rien à y redire. À ceci près : comme les premiers chroniqueurs des *Cahiers* du début des années 1950, je crois que la pensée d'un cinéaste n'est jamais mieux exprimée qu'à travers son style et sa mise en scène, plutôt qu'à travers n'importe quelle exégèse dite philosophique. Mais bon, Kubrick sera étudié tant qu'il y aura des étudiants. Son œuvre transporte une telle charge d'émotion et de puissance, de beauté formelle et de cohérence que, selon moi, elle parle d'elle-même, et je me limiterai plutôt, modestement, à ma seule rencontre avec lui.

C'était sur le tournage de *Spartacus*. J'avais été envoyé à Hollywood pour un mois de reportages par Louis Pauwels, alors patron du magazine *Marie-France*. Une photographe m'accompagnait : Inge Morath, future épouse d'Arthur Miller. On me présente à cet homme encore jeune à l'œil noir et profond, assis sur sa *director's chair*. Il est aimable mais absorbé par la mise en place d'une scène où figurent plus de six cents « extras », sur un vaste espace d'un arrière-terrain du studio (Warner ou Universal, je ne me souviens plus). Je lui dis la frustration que nous éprouvons tous, à l'époque, à Paris, puisque ses *Paths of Glory* sont interdits pour cause d'atteinte à l'honneur de l'armée française de 14-18. Pour voir le film, il faut prendre le train pour Bruxelles. Il me dit : « Je vous organise tout de suite une projection. »

Stanley Kubrick dans une tempête de neige artificielle sur le plateau du tournage de Shining, avec Jack Nicholson, Shelley Duvall et Danny Lloyd dans les rôles principaux. Le film est devenu un des grands classiques du cinéma fantastique. Photographie de Murray Close de 1980.

> **« IL Y A UN THÈME DONT JE SUIS CONSCIENT ET QUI SE RETROUVE DANS TOUS MES FILMS : L'ÉCHEC DE LA COMMUNICATION. »**
>
> Stanley Kubrick

Trente minutes plus tard, me voilà dans un bâtiment aussi vaste qu'un hangar d'aéroport, face à un écran géant. Seul, j'assiste à un chef-d'œuvre qui me laisse cloué sur mon siège. À la fin, je ne peux bouger. Je sens une présence dans mon dos. C'est Kubrick, qui a abandonné le tournage pendant un court intervalle et me demande ce que j'en pense. Je bredouille un compliment et, surtout, un « merci ». Il sourit, ne fait aucun commentaire, me serre la main et va rejoindre un assistant qui l'attend, à l'entrée du hangar. Beau geste. Beau souvenir. C'est une des raisons pour lesquelles je regarde les films de Kubrick autrement que les universitaires du Kentucky.

Stanley Kubrick donne des instructions sur le plateau du tournage de Docteur Folamour *ou : comment j'ai appris à ne plus m'en faire et à aimer la bombe (Dr. Strangelove or : How I Learned to Stop Worrying and Love the Bomb). Peter Sellers y interprète à lui seul trois rôles : celui du colonel Lionel Mandrake, du président Merkin Muffley et du docteur Folamour. Dans les studios anglais de Shepperton, en 1964.*

Page de droite
Stanley Kubrick, caméra à l'épaule, sur le tournage de Shining *en 1980 dans les studios anglais de Borehamwood.*

La petite Hongro-Américaine
qui savait vendre

Estée Lauder
1906, New York – 2004, New York

La besogneuse. L'acharnée. La vendeuse. Elle disait : « Je n'ai pas passé un jour de ma vie sans vendre. Si je crois à quelque chose, je le vends, et je vends à marche forcée. » Estée était née Josephine Esther Mentzer, juive d'origine hongroise, dans le quartier populaire de Corona, dans le Queens, à New York. Elle avait un oncle qui s'appelait John Schotz, un chimiste. Schotz intéressait beaucoup la jeune femme parce qu'il savait mélanger les crèmes dans son petit laboratoire improvisé à l'intérieur d'une étable, derrière sa maison de famille. Or, de son côté, Estée aimait les crèmes. On ne vend bien que ce que l'on aime bien, ce que l'on a inventé. C'est toujours la même chanson avec ces *success stories* américaines : on commence dans une arrière-cuisine du Queens et on finit milliardaire sur Park Avenue.

Ça se passe donc chez elle. Estée se préoccupe de sa peau, son visage, s'intéresse à ses voisines et amies, soucieuses elles aussi d'améliorer leur apparence. Dès qu'elle a une minute, raconte-t-elle, Estée fabrique des petits pots de crèmes. Elle ne se sent « vivante » que si elle malaxe de la crème avec ses doigts. Elle concocte des recettes secrètes, dont elle seule connaît la composition. En fait, elle ressemble à l'homme qui va mettre au point la formule magique du Coca-Cola. Des artisans obstinés, qui deviendront des commerciaux hors pair. L'oncle John va l'aider. Munie de ses petits pots, la jeune femme (qui épouse un commerçant du « sentier » new-yorkais nommé Lauter — on changera le *t* par un *d*, ça sonne plus classe, plus cosmétique, plus crémeux) décide de faire du porte-à-porte, ou plutôt du « salon à salon ». Aucune inhibition. Elle y va au culot. Elle propose ses crèmes aux femmes immobiles sous le casque du coiffeur. Ça fonctionne. Ella a gagné une, deux, trois clientes. Son acharnement à vendre, sa passion monomaniaque sont tels qu'elle va jusqu'à arrêter les femmes sur le trottoir de la 5th Avenue pour leur faire essayer ses produits. On est en 1947, et la femme américaine, dans les années prospères du grand boom de l'après-guerre, se rue sur tout ce qui contribuera à sa parure, conservera la jeunesse et le velouté de ses joues, du temps qu'elle était une sémillante *schoolgirl*. Et voici qu'Estée, sortie de sa cuisine, a convaincu le prestigieux grand magasin de l'époque à New York, le légendaire Saks Fifth Avenue, de proposer ses produits sur le comptoir du département beauté. En deux jours, ils ont tout vendu. Estée s'engage alors dans un combat frontal avec les géants déjà existants — Revlon, Helena Rubinstein, Elizabeth Arden.

Ça n'est pas que ses produits — ou ses créations — aient été plus exceptionnels que d'autres. C'est que la petite Hongro-Américaine du Queens était habitée par un pouvoir de persuasion supérieur, une obstination, la rage de convaincre, l'énergie pour faire céder n'importe quel grand magasin à travers le pays. En vingt ans, elle a bâti un empire. Elle est devenue une mondaine richissime, bijoutée et courtisée dans les galas, les dîners, le cirque de l'argent et du monde chic. Un « génie du business » écrira *Time*, qui la classera en 1998 comme la seule femme d'une liste de vingt personnes du monde des affaires. Elle adorait recevoir en grande pompe, dans sa maison de l'Upper East Side, sa villa de Palm Beach, son appartement à Londres, sa maison sur la Côte d'Azur. L'arrière-cuisine du Queens était loin et Estée Lauder disait à ceux qui l'interrogeaient : « Si vous voulez réussir, faut travailler dur et faut y croire. » Ce n'était pas une grande philosophe. Juste une vendeuse.

Le roi d'un monde

Ralph Lauren

1939, New York

Vous êtes né Ralph Lifschitz, en 1939. Vous avez été élevé par des parents ashkénazes qui avaient fui la Russie au début du XXe siècle. Vous avez passé votre enfance avec vos deux frères et votre sœur, dans un modeste quatre pièces donnant sur Mosholu Parkway dans le Bronx. Vous êtes beau garçon, vous aimez le sport, mais sans plus. Vous aimez vos études, mais sans plus. Vous aimez regarder les jolies filles, mais sans plus. En revanche, vous adorez le cinéma. Vous aimez votre pays, ses racines, son passé, la conquête de l'Ouest, les grands espaces, mais aussi les longues et exclusives demeures de la côte est, habitées par des gens distingués aux manières brillantes. Vous aimez la musique de Sinatra, les comédies de Cary Grant et les westerns de Gary Cooper, la dégaine de Joan Crawford et de Barbara Stanwyck. Vous avez grandi avec ces films, ces stars, ces mythes, et cette culture s'est imprégnée en vous, a fait naître en vous une conception du « rêve américain », ce qui, malgré la réalité et le prosaïque, le banal et le trivial des choses de tous les jours, devrait ressembler à la vie. Par-dessus tout, quand vous regardez à quoi ressemblent les *prep school boys*, avec leurs pantalons en toile et leurs vestes en tweed, leurs sweaters torsadés et leurs mocassins souples, vous vous apercevez que cela vous intéresse grandement, prodigieusement même. Vous vous découvrez alors une curiosité et un goût pour « la sape », l'apparence du vêtement, ce qui, selon vous, peut définir un homme, lui permettre de s'élever au-dessus de sa classe, lui faire acquérir un « look », une allure, une personnalité, de quoi sinon se faire outrageusement remarquer, du moins se distinguer de l'ennuyeux uniforme de vos contemporains vêtus de gris, sans projet. S'éveille donc en vous un désir, une envie, une vision. Aussi, lorsque vous entrez comme simple employé au rayon cravates du temple de l'élégance new-yorkaise, *Brooks Brothers*, avez-vous déjà, dans un coin de votre tête, la notion que vous êtes capable de réussir dans cet univers, parce que votre instinct vous incite au changement, à la création, à la liberté. Avec votre frère Jerry, vous dessinez vos propres cravates. Elles sont différentes des modèles courants, plus larges, moins tristes, moins conventionnelles, elles portent déjà votre *brand*, votre marque, elles clament la sûreté de votre choix. Vous les présentez. On vous les refuse. On n'y croit pas. Cependant, après réflexion, les responsables de *Bloomingdale's*, à qui vous aviez proposé vos créations, vous rappellent. Finalement, ça les intéresse et ils vous disent : on rachète tout. Mais vous avez suivi des cours de gestion au *City College* de New York et vous avez la chance – ou le don – de posséder à la fois un talent créatif mais aussi la connaissance des chiffres et du business (ce qui est rare dans la mode où, habituellement, le *designer* a toujours besoin d'un *manager*), vous faites un deal plus astucieux et vous allez rester le propre maître de vos idées. Avec une équipe d'abord très réduite, vous inventez un logo, cet élégant joueur sur un cheval, portant un maillet de polo, un nom qui sonne bien et résume tout ce que vous allez développer : Polo. Après les cravates, viendront les *polo shirts*, les chemises, tout ce que porte un homme et puis, en cascade, sur une quarantaine d'années, le sportswear, les parfums, les meubles, des vêtements pour femmes, pour enfants, les montres, des bijoux, des restaurants – bref, un univers. Vous serez à la tête d'un empire. Votre joueur et son maillet seront aussi reconnaissables que le drapeau étoilé de ce continent dont vous habitez aussi bien les espaces du Colorado, les plages de Long Island, les forêts de Bedford, non loin de New York. Vous aimez votre femme, Ricky, que vous avez rencontrée quand vous aviez vingt-cinq ans. Vous avez trois beaux enfants. Vous vous appelez Ralph Lauren. Vous êtes le roi d'un monde.

Le styliste Ralph Lauren tout en décontraction à la fin du défilé de sa nouvelle collection printemps-été 2006.

Le Visage
d'un monument

Abraham Lincoln

1809, près de Hodgenville, Kentucky – 1865, Washington, Columbia

J'ai appris à taper à la machine à écrire en 1954, sur une Royal – du même modèle que celle utilisée par l'un de mes maîtres et modèles, Hemingway. Dans la salle de classe du *Department of Journalism* de mon université de Washington & Lee, en Virginie, organisée comme une « mini-news room », on nous avait assis devant ces imposants objets de métal noir. La familiarisation avec leur AZERTYUIOP me permettrait, un bon demi-siècle plus tard, de maîtriser ceux d'un BlackBerry ou d'un PC. Le premier jour de cet apprentissage, on nous avait fourni la phrase type qu'il fallait reproduire le plus vite possible et qui servait de test, d'entraînement. On devait taper les mots suivants : *Now is the time for all good men to come to the aid of their nation* (« Le moment est venu pour les hommes de bonne volonté de venir à l'aide de leur nation. ») Je l'ai trouvée belle et me suis enquis auprès de Paxton Davis, professeur de journalisme, ancien de la guerre du Pacifique, qui, avec le chef du département, le mythique Oscar W. Riegel, était chargé d'instruire les bleusailles que nous étions en leur inculquant le principe de la rapidité et de la dextérité dans l'utilisation de l'accessoire indispensable de notre futur métier. « *A typewriter is your first tool. Type fast and clean.* » Très bien. Je demande néanmoins à celui que nous appelions « Pax » qui avait prononcé cette sentence. Il me regarde avec effarement devant l'ignorance de ce jeune Français dont il ne savait encore que faire : « Mais c'est Lincoln, voyons, jeune homme. » C'est ainsi que j'ai découvert la prose éloquente et limpide de leur grand homme. Dès lors, ses discours ont constitué l'une de mes lectures favorites. Les fameux seize mots du 16ᵉ président de l'histoire des États-Unis ont pénétré (tant qu'il y eut des *typewriters*) l'esprit collectif de tous les apprentis journalistes américains. À vrai dire, pour peu qu'ils aient suivi un peu assidûment leurs cours d'histoire,

ils avaient tous conscience de l'importance fondamentale de l'homme qui conduisit et gagna la guerre civile, la guerre de Sécession, la grande boucherie préfiguratrice de la Première Guerre mondiale. La *Civil War* qui, à l'époque où j'ai découvert toute cette affaire, n'avait jamais été effacée dans la mémoire du Sud. Trop de sang versé. Trop de séquelles et d'amertume. Trop de passé. Est-ce même encore oublié aujourd'hui ? Parfois, je me le demande. Lincoln : qui, aux États-Unis, ne connaît son nom, son rôle dans l'un des grands tournants de l'Amérique ? Il fait partie des quatre monumentaux visages dont je parle aussi à propos de Jefferson – indestructibles et solennelles figures sculptées dans la pierre du Dakota. À cette différence : Jefferson, rédacteur de la Constitution américaine, n'a jamais affranchi les esclaves de sa plantation, tout en ayant cependant proclamé que « tous les hommes sont égaux en droit ». Lincoln, lui, quatre-vingt-sept ans après la Déclaration d'indépendance, prit la terrible et périlleuse décision d'engager le Nord contre le Sud dans « le but de vérifier si cette nation, conçue dans un tel esprit et vouée à une telle cause, peut être viable ». À tout prendre, Lincoln est peut-être le plus important des pères fondateurs. Il engage des centaines de milliers d'hommes dans un interminable massacre face à d'autres milliers d'hommes. *Gettysburg* et *Appomattox*, champs de bataille et champs de défaite ou de victoire, sont des noms associés pour toujours à celui de Lincoln, auteur en janvier 1863 de la Déclaration d'émancipation qui libère les esclaves au sein de la Confédération. Nous sommes, avec cet homme, au cœur du cœur de l'histoire encore courte de cette démocratie encore jeune. Regardez ce visage. Il est celui d'un autre temps. Une statue de commandeur. Un menhir. Une tour humaine qui domine ses contemporains et fouille

Abraham Lincoln, à l'âge de 54 ans. Portrait réalisé en pleine guerre de Sécession, le 8 novembre 1863, par le photographe Alexander Gardner, soit onze jours avant le célèbre discours de Gettysburg prononcé lors de la cérémonie de consécration du champ de bataille (plus de 50 000 morts). Cette année est aussi celle où Abraham Lincoln proclame l'émancipation de l'esclavage.

Double page suivante à gauche Portrait de Lewis Powell, jeune soldat confédéré qui fait partie des quatre conspirateurs de l'assassinat d'Abraham Lincoln, inculpés et pendus le 7 juillet 1865.

et d'épreuves, avec ce grand front dégagé, il a l'air d'un empereur sans uniforme, un prédicateur sans église, un amiral maîtrisant toutes les tempêtes, un homme d'État capable d'intégrer ses pires ennemis dans son gouvernement, un fédérateur, un chef de guerre et un apôtre de la paix. Aucun superlatif ne paraît ridicule devant sa carrière, les étapes de son ascension au pouvoir, après une enfance « dans les bois, pleins d'ours et d'animaux sauvages ». Quand il racontait son chemin, avec la modestie et cette pudeur qui caractérisent les hommes d'exception, il disait : « Je ne savais rien. Je pouvais quand même lire et écrire, et déchiffrer les choses et les gens. Mais ce n'était que cela. » Parmi les formules que l'on peut lire sur les murs du *Memorial*, il y a sa définition de ce qui l'a guidé à la fin de la *Civil War* et ce que doit être la relation avec les hommes : « Sans malice à l'égard de qui que ce soit, avec charité pour tous, fermeté dans le droit, tel que Dieu nous permet de croire ce qui est bien… »

Le 14 avril 1865, il y a cinq jours seulement que la guerre de quatre années qui a déchiré le pays est officiellement terminée. Le général sudiste Lee a signé la reddition. Lincoln, épuisé, sans doute très malade – il n'a que cinquante-six ans –, veut se détendre et va au théâtre. John Wilkes Booth, vingt-six ans, fanatique sudiste, s'infiltre facilement dans sa loge et lui tire une balle de pistolet dans la nuque. Il parvient à se sauver mais sera abattu après une semaine de traque. Abraham Lincoln, dont les funérailles inspireront, un siècle plus tard, Jackie Kennedy pour celles de son jeune mari assassiné, va s'éteindre le lendemain matin. Ses ministres, autour de lui, pleurent. L'un d'entre eux dit : « Désormais, il appartient à l'éternité. » En anglais : « *He belongs to the ages.* » De nombreux essayistes pensent que Stanton n'a pas dit *ages*, mais *angels*. Ce qui rendrait ce moment encore plus émouvant, plus conforme à la stature du géant : « Désormais, il est entre les mains des anges. »

la vérité de leurs actes authentiques, les siens propres. Il y a quelque chose de profondément habité et même hanté dans ce regard caverneux, qui semble contempler la violence et la destinée sans illusion, conscient d'avoir atteint son objectif, la survie de l'Union, mais conscient aussi du coût en hommes, en ressentiments, en divisions, en amertumes et haines implacables. Lincoln sauve son pays, mais la « tristesse latente profonde » que le poète Walt Whitman avait cru déceler dans les traits du grand homme n'échappe pas aux millions de visiteurs qui viennent, à Washington, se prosterner au pied de sa statue, au cœur du *Lincoln Memorial*. Sur un mur de ce monument sont gravées d'autres admirables formules de cet ancien avocat, fils d'un *frontiersman* du Kentucky, qui gagna son pain en réparant des voies de chemins de fer, en servant dans les épiceries de l'Illinois, lui-même père malheureux de quatre garçons, dont un seul put atteindre l'âge mûr.

Ce héros, sujet permanent d'études et biographies, est l'un des Américains sur lequel se sont penchés le plus grand nombre d'historiens – d'une certaine manière, il fascine autant là-bas que Napoléon en France, on n'arrêtera jamais d'écrire sur lui. Avec sa barbe de médecin de campagne, ses sourcils ombrageux, ses lèvres, l'une sévère, l'autre plus épaisse, ses deux rides descendues de ses narines vers son menton carré, exprimant je ne sais quelle somme d'exigences

Cette irrésistible envie
de l'imiter

Steve McQueen
1930, Beech Grove, Indiana – 1980, Ciudad Juarez, Mexique

Plus « cool », impossible. L'œil plus bleu que celui de Paul Newman, le sourire plus ravageur que celui de Clark Gable. L'allure et la dégaine propres aux westerns, polars, films de guerre ou d'aventure, ce chaloupé de l'ancien marine, cette maîtrise du corps de l'adepte du karaté. « *He is a natural* », expression de Hollywood pour définir celui qui crève l'écran. Quelques séquences inoubliables : la partie d'échecs de *The Thomas Crown Affair*, la poursuite en auto de *Bullitt*, la fuite en moto de *The Great Escape*, et pratiquement chaque moment de *The Getaway* de Peckinpah – selon moi, son meilleur rôle. Quand il tient le fusil à pompe dans les couloirs de l'hôtel-piège – à la frontière du Nouveau-Mexique, avec Ali MacGraw à ses côtés (Ali qu'il vole, dans la vie privée, au producteur du film), il me marque au point que je tenterai de reproduire la même

atmosphère, les mêmes gestes, avec Belmondo, dans *L'Alpagueur*.
McQueen disait : « Je suis un acteur très limité. » Il avait tort. Ce n'est pas un grand « comédien », mais il sait « acter », agir, captiver l'attention, et donner aux hommes qui admirent sa posture, l'irrésistible envie de l'imiter. Sauf qu'on ne peut égaler une telle présence, la suprême expression d'individualisme forcené, de sang-froid sous la fusillade, la « cool attitude » qui consiste à tout subir, tout confronter, tout gagner ou tout perdre sans se départir de son calme, l'affichage de sa résilience. Il n'a pas connu son père, a fait tous les métiers, vécu dans des fermes, des pénitenciers et des bordels. Il a couché avec les plus belles femmes d'Hollywood. Il était fou de moto. Je le revois avec ses coéquipiers en Allemagne de l'Est pour une compétition internationale. On formait un petit trio de journalistes venu de Paris pour l'interroger. Il nous avait gentiment écartés : « Ici, c'est pas du cinéma. C'est du réel. Je suis avec mes potes. Foutez-moi la paix. » Plus tard, à Hollywood, son agent Stan Kamen me racontera que Steve perdait la raison lors des nuits de pleine lune et s'adonnait à toutes les drogues, les superstitions. « Il est un peu fêlé », me disait Stan. Le type est mort jeune, cancéreux, solitaire, visage méconnaissable. Je préfère retenir sa superbe élégance, sur le cheval des *Magnificent Seven*, son flegme déployé dans seulement vingt-deux films – en vingt-sept ans. Beaucoup trop peu.

À gauche
Image publicitaire de Steve McQueen pour le film La Grande Évasion *(The Great Escape) du réalisateur John Sturges, sorti en 1963. Cette histoire d'évasion collective durant la Seconde Guerre mondiale fut inspirée par le récit de Paul Brickhill. Il avait connu l'internement dans un stalag en Pologne où une fuite, par un tunnel de 111 mètres de long, creusé à 10 mètres de profondeur, avait permis à 76 pilotes de sortir du camp, en 1944. La plupart des cascades dans le film ont été réalisées par Steve McQueen, pilote hors pair.*

Page de droite
Steve McQueen durant une course de motocross, dans le désert des Mojaves, au sud de la Californie. Photo de John Dominis le 1er juin 1963.

Steve McQueen avec
Neile Adams qu'il épouse
en 1957. Le couple,
comparé à d'autres à
Hollywood, connaît une
belle carrière : ils divorcent
en 1972. Photographie
de John Dominis, de 1963.

Page de droite
Steve McQueen dans
le rôle de Jake Holman
dans La Canonnière
du Yang-Tse (The Sand
Pebbles), *film historique
et de guerre de Robert
Wise sorti en 1966, qui
offre à l'acteur son unique
nomination aux oscars
– qu'il ne remporte pas.*

« *JE SUIS UN PEU EMBARRASSÉ PAR MON SUCCÈS.* LA PLUPART DES ACTEURS SONT UN PEU DÉRANGÉS. MOI, JE NE SUIS PAS PRESSÉ DE FAIRE PARTIE DE CETTE CATÉGORIE, MAIS JE SUIS SUFFISAMMENT VANITEUX POUR IMAGINER QUE JE CONSTITUE UNE EXCEPTION. »

Steve McQueen

L'actrice Faye Dunaway et Steve McQueen dans le film de Norman Jewison, L'Affaire Thomas Crown (The Thomas Crown Affair), sorti en 1968. L'enquêtrice Vicky Anderson tente de démasquer le milliardaire Thomas Crown qui a cambriolé sa propre banque pour tuer le temps... Photographie de Bill Ray prise durant le tournage, en 1967.

Aimer et être aimée, oui
Le sexe, non

Marilyn Monroe
1926, Los Angeles, Californie – 1962, Los Angeles, Californie

Qu'est devenu Jay Jay? Il avait été un de mes meilleurs informateurs, en août 1963, lorsque, un an après la mort de Marilyn Monroe, le journal *France-Soir* m'avait envoyé à Hollywood pour raconter le premier anniversaire de sa disparition et enquêter sur les mystères entourant cette fin dont le monde entier s'était ému. Crapule, maquereau, un peu décalé, un peu bisexuel, un peu gangster, sans autre profession que celle de prendre des dollars aux journalistes et de nous balader, aller et retour sur Sunset Boulevard au volant de son *Oldsmobile* décapotable, couleur fuchsia, Jay Jay, ramasseur de ragots, rumeurs, on-dit et fabulations, mais aussi excellent rabatteur de gens qui avaient aimé Marilyn : maquilleuses, coiffeurs, machinistes anonymes qui l'avaient observée sur le plateau de l'ultime tournage, l'inachevé *Something's Got to Give*, chauffeurs, masseurs – « les petites gens » qui avaient mieux compris que d'autres la nature fragile et forte de cette incroyable artiste, cette femme qui passait pour une blonde légère et écervelée, mais possédait en réalité des ressources de curiosité, d'intelligence intuitive, une soif d'apprendre, l'obsession de rattraper le retard d'études jamais finies. Marilyn, qui lisait Goethe, Rainer Maria Rilke et James Joyce, et qui ne se privait pas, parfois, de se faire photographier avec un ouvrage de ces auteurs à la main, histoire de montrer aux gros salauds des gros studios et aux chroniqueurs bornés de revues, ancêtres des magazines people, qu'ils s'étaient toujours entièrement trompés à son égard.

Jay Jay me fit aussi rencontrer deux types qui buvaient des coups avec Peter Lawford, beau-frère de Kennedy, acteur de pacotille, gommeux et superficiel, intermédiaire suave et sirupeux entre le président et Sinatra –, lequel Lawford aurait raccroché, ce soir-là, nuit du 4 au 5 août 1962, au nez de Marylin qui téléphonait aux quatre coins de la ville et du pays, à la recherche d'un semblant d'affection. « Ils l'ont abandonnée cette nuit-là », me confia un de ces deux anonymes. Jay Jay me livra deux certitudes : « Elle ne s'est pas suicidée mais on ne l'a pas suicidée non plus. Elle a été victime d'abandonite – tu vas recueillir toutes sortes de tuyaux sur la présence, ou pas, de Bobby Kennedy, sur les pistes brouillées de l'autopsie, tu vas voir, à mesure que les années vont passer, on va construire des scenarii formidables et documentés sur cette nuit : qui est venu, qui n'est pas venu, ça va durer jusqu'à la fin des temps. » Il avait beau se pavaner dans les bars avec l'allure d'un bon à rien, un voyou infréquentable, il était pétri de bon sens, mon « fixer ». Il avait vu juste. Romanciers, poètes, essayistes, historiens, Norman Mailer en tête, ils ont tous rempli des pages à l'infini à propos de Marilyn. Elle demeure une inépuisable mine dans laquelle fouillent encore analystes et biographes. Jay Jay, toujours lui : « Moi, je crois que c'est un accident. Elle a pris trop de machins. Hydrate de chloral et Nembutol. Elle était bourrée de médocs, pilules, drogues, psychotropes – y a un truc qui s'est passé et qui a tout déréglé. On ne saura jamais vraiment. Ceux qui savent, comme le photographe Schiller, un des derniers qui l'a vue le 4 août, dans la matinée, te diront, si tu arrives à les faire parler : "Il s'agit d'un accident." » La deuxième certitude que m'apporta Jay Jay, le philosophe de Sunset Boulevard, dont je me souviens encore qu'il sortait le matin – rarement avant midi – la paupière enflée et la joue creuse, en ayant fiché une cigarette entre chacun de ses doigts : « Les hommes qui l'ont baisée dans cette ville ? Tu peux pas compter. On raconte n'importe quoi. Mais si, à ses débuts, et même ensuite, elle a passé pour une fille facile, c'est parce que ça ne l'intéressait pas du tout, la baise. Aimer et être aimée, oui. Le sexe,

Les hommes étaient tous à ses pieds: Marilyn Monroe chante et danse en descendant les escaliers d'une revue dans Les Hommes préfèrent les blondes *(Gentlemen Prefer Blondes), comédie musicale de Howard Hawks, sortie en 1953. La brune Jane Russell y interprète le rôle d'une danseuse qui représente son exact contraire.*

non. Va seulement savoir si elle y prenait quelque plaisir. Son plus grand drame, c'est en août 1956 – décidément, c'est un mois fatal –, sa première fausse couche, et fin 1958, une grossesse sans lendemain. Ce qu'il y a d'étonnant, c'est qu'avec une vie pareille, ça l'a jamais empêchée d'être lumineuse. Je ne l'ai vue qu'une fois, pas loin d'Helena Drive, à Brentwood. Elle avait un foulard sur les cheveux, enroulés dans des bigoudis, elle a enlevé ses lunettes de soleil et m'a souri, j'en suis pas revenu. » J'aurais aimé savoir ce qu'il est devenu, Jay Jay, mais c'était en août 1963, et trois mois plus tard, on tuait Kennedy, j'étais à Dallas et je m'occupais d'autre chose. Terribles années 1960. Marilyn Monroe : déchirée par la solitude, méprisée et bafouée par les Zanuck et les Cukor qu'elle a cependant domptés, courtisée comme une reine qui s'entoure de sycophantes et de conseillers, de suceurs de sang et d'argent, entretenant des relations de complicité professionnelle avec les plus grands photographes qui la trouvaient si photogénique qu'ils en tombaient presque tous amoureux – couchant sur ses carnets ou ses cahiers à couverture noire des réflexions et confessions dont les publications récentes ont permis de mieux saisir l'étendue de ses angoisses, autant que la grâce et l'émotion d'un style simple, presque candide et aussi profondément révélateur –, cocoonée et gardiennée par des femmes, chez qui elle trouvait protection, assurance, l'une d'entre elles, Paula Strasberg, lui servant de mère et d'analyste, sachant la flatter et la sublimer, l'encourager à surmonter sa timidité maladive et son anxiété quasi paranoïaque vis-à-vis des autres. Telle était Norma Jean Baker Mortenson, père inconnu et mère intermittente.

Elle se dresse toute droite dans la grande galerie des légendes féminines américaines, icône sans pareille, personnage qui domine d'autres redoutables rivales : de Bette Davis à Liz Taylor, d'Ava Gardner à Rita Hayworth, des deux Hepburn à Jayne Mansfield. Parce que, d'une certaine manière, elle est l'épitomé, le symbole, la synthèse, l'osmose, le condensé, le concentré, le phare, le modèle, la balise, le roman de tous les romans, la chanson de geste qui inclut tous les destins de ces victimes hollywoodiennes, pour n'en former qu'une seule. Marilyn est une exception. Mais cette exception permet d'englober et comprendre toutes les autres. La gloire, deuil

éclatant du bonheur, la recherche du père chez un certain type d'homme, grand, rassurant, protecteur, viril, apparemment équilibré – Joe DiMaggio, le sportif, Arthur Miller, l'intellectuel (mais ni l'un ni l'autre ne sauront vivre avec Marilyn, peut-être, d'ailleurs, était-elle invivable). La quête d'absolu au sein d'un univers matérialiste, la recherche du spirituel, dans un monde vulgaire et corrompu. La vulnérabilité devant ces hommes qui vous manipulent et vous subliment tout en vous désirant, loups affamés qui tirent la langue au passage du petit chaperon rouge aux cheveux bouclés et blonds. Le glamour. Le rêve qui n'est qu'un cauchemar. Ce qui est merveilleux, avec Marilyn Monroe, c'est qu'à la minute où elle paraît sur l'écran, aussi bien dans *La Ville dort* ou *Ève* que dans *Les Désaxés*

Page de gauche
Comme l'ont démontré
les archives ces dernières
années, Marilyn Monroe
n'était pas une poupée
écervelée mais un personnage
beaucoup plus complexe.
Portrait d'Alfred Eisenstaedt
réalisé à son domicile, en mai
1953, à Hollywood.

Ci-contre en haut
Marilyn Monroe en juin 1949,
lors d'un voyage en train
en partance pour Warrenburg,
dans l'État du Missouri.
C'est le début de sa carrière
de pin up : elle pose nue cette
année-là pour un calendrier,
image qui fera plus tard le tour
du monde.

Ci-contre en bas
Marilyn Monroe relève
le moral des troupes
américaines à la fin
de la guerre contre la Corée,
lors d'une tournée de chant,
en février 1954. Avant
de se montrer dans sa tenue
de scène, elle est passée
à travers la foule des militaires
en portant un uniforme.

« J'AI TOUJOURS PENSÉ
QUE JE N'ÉTAIS PERSONNE.
ET LA SEULE FAÇON POUR
MOI DE DEVENIR
QUELQU'UN... EH BIEN,
C'EST D'ÊTRE QUELQU'UN
D'AUTRE ! »

Marilyn Monroe

ou *Certains l'aiment chaud*, on ne voit plus qu'elle! Le soleil de son sourire, la grâce sur ses lèvres, le nez mutin, la moue moqueuse, le déhanchement, la voix qu'elle sait moduler, sensuelle, et parfois juvénile, parfois mûre et tragique – cette voix avec laquelle elle tétanise des dizaines de milliers de G.I's en Corée, lors d'une tournée qui lui procure satisfaction et revalorisation narcissique. Ce corps, petite femme de 1,65 mètre, qui conquiert le noir et blanc comme le Technicolor, depuis les rivières sans retour jusqu'aux arrêts de bus, depuis la jungle des villes jusqu'aux chutes du Niagara. Ce corps, qui stupéfie les mâles Kennedy, déstabilise le brave Yves Montand, et subjugue les psychanalystes véreux et les photographes de renommée mondiale. Ce corps qui n'est que l'enveloppe d'une intelligence et d'une âme – celles d'une femme dont la plus belle phrase reste: « La gravité finit toujours par vous rattraper. »

Marilyn Monroe arrange sa coiffure, en 1951. Elle a participé alors à une douzaine de films, toujours dans des seconds rôles mais de plus en plus remarquée. C'est l'année suivante qu'elle apparaît pour la première fois en blonde platine, aux côtés de Ginger Rogers et de Cary Grant, dans l'hilarant Chérie, je me sens rajeunir (Monkey Business), film de Howard Hawks.

Marilyn Monroe dans le métro new-yorkais, à la station Grand Central, le 24 mars 1955. Elle est devenue une star, avec la sortie, cette année-là, de Sept Ans de réflexion de Billy Wilder. Marilyn est maintenant une actrice confirmée, grâce à son travail et la formation qu'elle suit, en particulier avec l'actrice britannique Constance Collier et Lee Strasberg, à l'Actor's Studio.

*Deux photographies
de Marilyn Monroe, à l'époque
où elle n'est pas encore
une vedette, tirées d'une séance
réalisée dans le Griffith Park,
à Los Angeles, en août 1950,
par Ed Clark. Dans le portrait
plus rapproché, son regard
un peu perdu laisse
transparaître cette tristesse
qui ne l'a jamais quittée.*

Quel beau nom
pour un QB

Joe Montana

1956, New Eagle, Pennsylvanie

Le football américain, c'est la guerre sans les morts. Encore que, combien de joueurs, dopés, anabolisés, artificiellement musclés et devenus de monstrueux bestiaux, vont mourir quelques années après leur retraite ? Moyenne d'âge de survie : cinquante ans. Mais sur le terrain, en principe, on ne meurt pas vraiment. On n'est jamais loin du meurtre, mais enfin, ça va, grâce à toutes les protections (casques, épaulettes, genouillères et autres boucliers de plastique ou de téflon recouvrant les corps de ces machines humaines), on survit à la violence des chocs, la férocité de l'affrontement entre les deux lignes d'avants, les plaquages impitoyables qui dévissent la tête. C'est la guerre parce qu'il y a quelque chose de très militaire dans la stratégie, la tactique, la contre-attaque, les schémas de blitzkrieg et de retraites pour mieux rebondir, les multiples options concoctées avec minutie par des planificateurs en chambre, orchestrées par des « coaches » porteurs d'oreillettes et de micros. Au milieu de cette invraisemblable construction qui rapporte des fortunes autant qu'elle en coûte, ces championnats (AFL-NFL) que suivent des centaines de millions de spectateurs, il y a le pivot, le carrefour, le lien, l'homme qui distribue et qui lance, le chef d'orchestre, la star, le *quarter back*. Celui qui tient le ballon ovale et le répartit entre ses partenaires, passe longue, passe courte, feintes, astuces, décisions à prendre en l'espace de quelques secondes avant que les adversaires déferlent sur lui. Le QB, c'est le plus précieux, celui dont l'audace et la clairvoyance vont tout changer.

Mon préféré s'appelle Joe Montana. Bonne figure d'Américain moyen, beau gosse, sympa, simple. Aujourd'hui à la retraite, il a été le plus fluide et le plus souple, le plus calme dans l'orage, le plus fin et le plus adroit, à la grande époque des 49ers de San Francisco, pendant seize saisons consécutives. Ses exploits de dernière minute furent intitulés la *Magie Montana*. Avec son jeu de pieds, son maintien, la force de son lancer, l'acuité de son regard, sa façon d'assurer et de rassurer son équipe, il semblait capable de surmonter les pires retards au score, les blessures, les pépins, les interceptions. Un redoutable défenseur, Reggie White, à la fin d'un match où son équipe fut défaite par Montana, avait dit : « On n'arrêtait pas de le déquiller et le cogner. Il se relevait. Il nous a battus. Ce type n'abandonne jamais. » Et puis, Montana, quel beau nom pour un QB !

Tout faire passer
sans pratiquement rien dire

Robert De Niro
1943, New York

Je n'ai pas très envie de m'arrêter à « *You talkin' to me?* » ou « *You fucked my wife?* » et autres répliques reprises à satiété par tous ses admirateurs – imitateurs. Même si De Niro nous a appris qu'elles ne figuraient pas dans le scénario original : «On a improvisé. Marty Scorsese sait écouter. Il accepte toutes les idées.» Avec cette information, on en vient à ce qui m'intéresse : l'étroite collaboration, la fraternelle et quasi consanguine aventure avec ce metteur en scène, italo-américain comme lui. De Niro et Scorsese. Marty et Bob. Ils se sont reconnus. Ils ont, avec Al Pacino et quelques autres, fait tourner une page du cinéma américain : après les juifs européens émigrés dans les années 1930 et 1940, après les Irlandais et Écossais américains de toujours, voilà que l'influence italo-américaine a fait bouger les choses. Coppola, di Caprio, Joe Pesci, Ray Liotta, les «familles» de la mafia du Bronx, de Brooklyn, du New Jersey, le mariage spectaculaire de la pasta aux piments avec les flingues du *Godfather*, et pour aller jusqu'à la série des *Soprano*, à la télé. D'une certaine façon, De Niro est l'un des pivots de cette culture.

Il sait se taire, poser ses yeux sur un interlocuteur. Tout se lit sur son visage. Il diffuse une sensation de folie rentrée. Il est capable de prendre trente kilos pour interpréter les derniers jours de Jake LaMotta dans *Raging Bull* – pour moi, son plus beau rôle. Car on assiste, avec ce film, à la démonstration d'une énergie, une violence, un mal qui trouve son origine ailleurs – en Sicile, en Calabre, allez savoir. La fatalité et la malédiction des êtres dont le sang charrie des secrets. Qu'un acteur puisse véhiculer tout cela force le respect. J'allais oublier *The Deer Hunter*, autre illustration de l'art exercé par De Niro : tout faire passer sans pratiquement rien dire.

Robert De Niro dans une scène de la seconde partie du Parrain *(Mario Puzo's* The Godfather : Part II) *réalisé par Francis Ford Coppola, en 1974, à Hollywood.*

Les deux complices,
Robert De Niro et Martin
Scorsese, sur le plateau
du légendaire Taxi Driver,
drame psychologique
paru en 1976, d'après un
scénario de Paul Schrader.
Fraîchement sorti des rangs
de l'armée, le chauffeur
de taxi Travis Bickle verse
dans la folie.

**« *TOUTE MA VIE*
J'AI ÉTÉ SUIVI PAR
LA SOLITUDE.
PARTOUT. DANS LES BARS,
LES VOITURES, SUR LES
TROTTOIRS, DANS LES
MAGASINS... PARTOUT.
Y A PAS D'ISSUE... J'SUIS
ABANDONNÉ DE DIEU. »**

Travis Bickle dans *Taxi Driver*

Gladiator,
1936

Jesse Owens
1913, Decatur, Alabama – 1980, Tucson, Arizona

Scène historique et inoubliable : Jesse Owens, petit-fils d'esclave noir, debout sur le podium des Jeux olympiques de Berlin en 1936. Quatre médailles d'or auront successivement orné sa poitrine : le 100 mètres, le 200 mètres, le saut en longueur et le 4 x 100 mètres. Seul Carl Lewis égale ce record, un demi-siècle plus tard, en 1984 à Los Angeles. Mais les JO de Lewis n'avaient rien à voir avec ceux de Berlin ! On avait appelé ça les Jeux olympiques d'Hitler. Quelques jours avant l'ouverture de la compétition, Goebbels, grand ordonnateur de la propagande du IIIe Reich, avait dit en parlant de la délégation américaine : « Les Noirs sont des auxiliaires africains des États-Unis. » Et voilà que, tout au long de cette compétition censée célébrer la supériorité de la race aryenne, devant des foules endoctrinées hurlant « *Heil Hitler* », à chaque fois que le clown sanguinaire à moustache faisait son apparition, sanglé dans son uniforme, dans ce stade construit pour l'éternité d'un Reich qui devait durer mille ans, voilà qu'un Américain noir venait humilier les hauts dignitaires nazis et un peuple qui, plus tard, ignorera la Shoah. On ne connaît pas, dans l'histoire du sport, de moments aussi signifiants, cet amalgame entre l'athlétisme et la politique, cette confrontation entre le Noir venu du pays de la ségrégation et les Allemands – cet athlète de vingt-trois ans qui, durant toute sa vie, arborera l'uniforme de sa légende. Mais un homme, à lui seul, fût-il un prodigieux champion, ne peut pas, par la simple vertu d'un exploit exemplaire, oblitérer la honte de l'esclavagisme puis de la discrimination. Pendant de longues années, il fut négligé, oublié. Sous prétexte qu'il avait, saturé de compétitions, refusé de prendre part à un meeting en Suède, l'indécrottable Fédération d'athlétisme américaine le suspendit. Ce n'est que plus tard, sous Eisenhower, qu'on le reconnut pour ce qu'il était : un pur héros. Il devint, dès lors, le défenseur des droits de l'homme dans son propre pays. Aucun champion d'aucun JO ne peut arriver à la cheville de ce J. O. – ce « gladiator » noir qui humilia Hitler.

Jesse Owens, le 3 août, aux Jeux olympiques d'été de 1936 de Berlin : il remporte ici sa première médaille d'or au 100 mètres. Le Hollandais Martinus Osendarp, au premier plan, rafle la médaille de bronze tandis que son compatriote, Ralph Metcalf, arrive en deuxième position. Adolf Hitler, qui prône la supériorité aryenne, constate cette série d'exploits avec désolation.

« LES AMITIÉS NAISSENT SUR LE TERRAIN DE LA LUTTE SPORTIVE ET C'EST LÀ L'OR VÉRITABLE DE LA COMPÉTITION. LES MÉDAILLES SE CORRODENT, LES AMIS, EUX, NE PRENNENT PAS LA POUSSIÈRE. »

Jesse Owens

Ci-contre

*Owens se qualifie de justesse
à la finale du saut en longueur
aux Jeux olympiques d'été
1936 de Berlin, grâce aux
conseils de son principal
concurrent, l'Allemand Luz
Long. Puis Owens domine
l'épreuve, le 4 août,
en réussissant un dernier saut
de 8,06 mètres.*

Page de droite

*Dans l'Amérique
ségrégationniste, Owens
a fait plein de petits métiers
pour payer ses études :
livreur dans une épicerie,
manutentionnaire dans
une usine de chaussures,
et pompiste en uniforme dans
une station d'essence, comme
on le voit ici, en juillet 1935.*

Le geste héroïque
de Rosa Louise

Rosa Parks

1913, Tuskegee, Alabama – 2005, Détroit, Michigan

Elle était assise au premier rang de la partie réservée aux *colored* – les gens de couleur, les Noirs. Elle revenait du boulot et le bus était chargé, se remplissant de plus en plus à cette heure-là d'employés rentrant aussi de leurs bureaux, ateliers ou usines.

On était à Montgomery, dans l'Alabama, le Sud profond, le cœur de la ségrégation, l'État héritier, avec d'autres, de tous les vestiges et regrets de cette guerre de Sécession perdue au profit du Nord. Alabama, où l'on chantait sans complexe les chants des rebelles sudistes. C'était le début du mois de décembre, en 1955. La femme était Rosa Parks, née McCauley, elle exerçait le métier de couturière après avoir fait des études et s'être mariée avec Raymond Parks, un coiffeur, très actif au sein de la NAACP, l'Association nationale pour l'avancement des gens de couleur – traduction littérale pour désigner le mouvement le plus militant en faveur des droits des Noirs. Rosa, tout en gagnant sa vie, s'était progressivement impliquée dans les dossiers autour de cette cause – mais personne ne connaissait son nom. Petite fille, dans les faubourgs de Tuskegee, elle avait grandi auprès d'un père charpentier et d'une mère institutrice, elle avait entendu, la nuit, les cavalcades sinistres des membres cagoulés du Ku Klux Klan,

leurs cris arrogants, elle avait perçu les sons atroces d'un lynchage, pas loin de chez eux, et elle s'endormait tous les soirs en craignant que les Blancs viennent brûler sa maison. Elle avait acquis, très tôt, une connaissance de la peur. Aussi bien, dirait-elle plus tard, elle ne savait plus ce que voulait dire « avoir peur ». Elle était au-delà de ce genre de sensation. Les passagers du bus se font de plus en plus nombreux. La *seating policy*, c'est-à-dire la loi municipale régulant la façon dont on s'assied dans les bus, stipule que les citoyens blacks doivent payer leur ticket à l'avant du véhicule puis doivent ressortir sur le trottoir pour rejoindre le bus, mais au bout, par la porte arrière. Bien souvent, les chauffeurs (tous blancs) démarrent et repartent sans avoir laissé le temps aux Noirs de remonter à bord. Certains le fond exprès – d'autres par négligence – tous par mépris collectif. Une autre coutume veut que, si le bus est trop rempli aux heures de pointe, les Noirs assis dans la section *colored* sont forcés de se lever pour céder leur siège aux Blancs. Et s'il n'y a plus du tout de places, même debout, alors on les oblige à quitter le bus. Jusqu'ici, dans tout le pays, tous les Noirs, sans exception, se sont soumis à cette règle.

L'autocar est bondé, plein à craquer. Il faut évacuer les premiers rangs des *colored*. On demande à trois hommes noirs et à cette femme prénommée Rosa, d'abandonner leur place au profit de quatre « citoyens blancs ». Les trois hommes s'exécutent en silence, comme ils l'ont toujours fait. Rosa Parks refuse. Elle reste assise sur son siège, impavide, sans sourire. Le chauffeur insiste. Elle ne bougera pas. On appelle la police. On arrête Rosa et on la met en prison, puis on la délivre sous caution (cent dollars), le soir même. En vingt-quatre heures, la NAACP qui, sans doute, n'attendait que ce geste sans précédent, cet acte de bravoure, pour défier la légitimité

La mort de Rosa Parks, en 2005, fit l'objet d'un hommage unanime des plus hauts représentants de la nation américaine. Sa dépouille fut exposée dans la rotonde du Capitole, et le drapeau mis en berne le jour de son enterrement. Portrait de Rosa Parks réalisé par Eli Reed lors d'un anniversaire pour la lutte des droits civiques à Atlanta, en 1995.

de la ségrégation à bord des bus, lance une campagne et distribue plus de 52 000 tracts demandant aux passagers (75 % des clients de la compagnie de bus sont noirs) de boycotter le système de transport public. Le 5 décembre, début du procès de Rosa, les bus de la ville de Montgomery sont vides. Ils le seront pendant 381 jours, au cours desquels 42 000 protestateurs ont marché, se débrouillant (cotisant pour du covoiturage, emprunts de taxis à plusieurs, vélos, etc.) pour aller autrement au travail et en revenir. La compagnie de bus frôle la faillite. Un pasteur, inconnu, nommé Martin Luther King, prend la tête du mouvement. Un an plus tard, la *US District Court* déclare l'inconstitutionnalité de la règle du *seating*. Les transports publics sont officiellement « déségrégationnés ». Cette immense victoire est due à Rosa Louise, qui n'avait peur de rien, assise au premier rang des « colorés ».

J'ai vécu en Virginie, à la même époque. J'avais dix-huit ans, j'étais un gamin innocent venu d'un pays où personne ne parlait de ces choses, et j'avais débarqué sur un campus où, « étudiant étranger », j'avais tout fait pour m'adapter aux mœurs et aux rites de la vie universitaire, et on ne parlait pas non plus de la ségrégation – le geste de Rosa Parks y fut,

Ci-dessus
Rosa Parks peut, enfin, prendre le bus en toute liberté ce 26 décembre 1956 après que la Cour suprême des États-Unis a statué anticonstitutionnelle, par l'arrêt Browdler v. Gayle, la ségrégation dans les bus. Plus aucune personne noire ne cède désormais sa place à un Blanc.
Photo de Don Cravens.

Page de droite
Rosa Parks lors de son arrestation, le 1er décembre 1955. Elle vient de refuser d'obéir au conducteur de bus qui lui ordonnait de laisser son siège à l'arrivée d'un Blanc pour aller s'asseoir au fond du véhicule. La jeune femme devient le symbole de la cause des droits civiques.

Une princesse, une légende,
un fantôme

Pocahontas

Vers 1595, colonie anglaise de Virginie – 1617, Gravesend, Royaume-Uni

Peu importe qu'elle ait été « belle » ou pas. Elle avait « quelque chose d'autre », qui la distinguait des autres filles de la tribu. Des yeux au regard profond. Une peau peut-être plus claire que celle de ses sœurs ou cousines. Les gravures et portraits de l'époque diffèrent selon les artistes. Le cinéma, les fables, les bandes dessinées, les gravures retouchées, les tableaux, les romans, les livres d'histoire, la Disneyification du personnage ont tellement enraciné la jeune Indienne dans l'inconscient collectif américain, qu'on lui a tout prêté : aussi bien le rôle symbolique de celle qui sauve John Smith de l'exécution par la tribu à laquelle elle appartient, les Algonquins — et, ce faisant, établit un lien d'amitié entre les colons anglais et son propre peuple – que le mythe de celle qui va incarner le premier mariage « métisse » des débuts de la civilisation américaine (avec le planteur de tabac John Rolfe). Aussi, fondamentalement, la figure du « bon sauvage » telle que l'auraient rêvé les premiers pionniers anglo-saxons, telle que cela arrange la mauvaise conscience des Blancs au fil des années, puis des siècles qui vont suivre. Chacun entretient son image de l'Indienne dont un poème de Vachel Lindsay nous dit qu'elle « chante le lilas, l'érable, le froment ». Chacun fantasme sur cette petite personne dont le nom veut dire « l'espiègle » et qui, à l'âge de douze ou treize ans, effectue un « geste d'amour » à l'égard de ces hommes blancs qui débarquaient sur la terre vierge, en mai 1607.

Résumons : John Smith est fait prisonnier par le redoutable chef Powhatan. On l'attache sur deux pierres plates et on va le battre à coups de bâton jusqu'à la mort quand une petite Indienne se rue vers lui, le protège, et le sauve. Il est adopté. Une amitié s'amorce. Quel film, quelle histoire, quel roman ! Cela s'est passé dans la région que les Anglais baptisèrent Virginie. Qui peut, aujourd'hui, imaginer le choc qu'ont dû éprouver ces hommes à la vision d'une telle nature, une telle munificence ? Je connais bien la Virginie, j'y ai vécu deux années formatrices, entre dix-huit et vingt ans, dans la vallée de Shenandoah, sur un campus d'une splendeur immaculée sous les dogwoods et les magnolias, les arbres à tulipe, les arbres à concombre, les aubépines et le chèvrefeuille.

Portrait de Pocahontas, fille du chef Wahunsunacock (aussi appelé Powhatan) de la confédération des tribus Powhatans, au début du XVIIᵉ siècle. Après sa légendaire protection du capitaine John Smith, menacé de mort par les siens – qui est devenue une véritable image d'Épinal de l'histoire américaine – elle se marie avec le colon John Rolfe puis se rend en Angleterre avec lui, où elle trouvera la mort. Gravure anonyme du XVIIIᵉ siècle.

Ætatis suæ 21. Aᵒ. 1616.

Matoaks als Rebecka daughter to the mighty Prince
Powhatan Emperour of Attanoughkomouck als Virginia
converted and baptized in the Christian faith, and
wife to the Worᵗ Mʳ Thoᵐᵃˢ Rolff

Je connais ces rivières, qui coulaient, pures et chantantes. Ces forêts dont les rangées d'arbres, vues de loin, donnaient la sensation d'avoir été ordonnancées pour former de longues lignes ondulantes, vertes et bleues selon les saisons, et flamboyantes de rouge, orange et jaune au cours de cet automne que, là-bas, on appelle *indian summer*. Un nom qui ne doit rien au hasard, car la trace de la civilisation indienne, les *Natives*, c'est-à-dire ceux qui sont vraiment nés sur le sol de ce continent sauvage avant toute autre interférence de toute autre population étrangère, cette trace demeure. Il y a peu de noms de villes, villages, comtés, fleuves ou montagnes qui ne se réfèrent à ce peuple, leur langue, la puissante poésie de leurs noms. La présence – c'est-à-dire l'absence – du peuple indien ne se limite pas à ce seul État, à ce seul espace de l'Amérique. Partout, du nord au sud, de l'est à l'ouest – et, bien entendu, plus particulièrement dans l'Ouest – les tribus régnaient. Mohicans, Dakotas, Sioux, Cherokees, Iroquois, Mohawks, Navajos, Apaches, Cheyennes, Chippewas, Crows, Arapahos, Comanches, ils ont vécu sur ces terres illimitées, ces prairies abondantes, ces monuments naturels qui s'élevaient dans un ciel azur. Le continent leur appartenait. Les Blancs l'ont conquis, éliminant de façon relativement foudroyante la nation indienne. La fausse idylle née entre les Algonquins et les hommes comme John Smith ne dura pas longtemps. Les conflits l'emporteront vite sur une union utopique. Et la belle histoire de Pocahontas, qui permet de sauver les nouveaux colons en fournissant, grâce à son intermédiaire, du pain, du maïs, du poisson et de la viande, s'est terminée dans la première vraie « guerre indienne » qui fut suivie par tant d'autres, jusqu'à extinction quasi complète de la race. Voilà pourquoi je veux inclure Pocahontas dans ce choix de mes 50 Américains. Cela permet de ne pas oublier ce qui repose sous le sol de la superbe Virginie et des terres de l'Ouest : le sang indien. L'Amérindienne aux yeux chauds a beau être célébrée dans les livres d'histoire, elle est aussi le rappel de ce qui fut et ne dura pas – ce qui aurait pu être et n'a pas été. La princesse est une légende, c'est aussi un fantôme, celui d'une nation génocidée.

Page de gauche
Portrait à l'huile daté de 1754 de Pocahontas en costume occidental, ou plutôt de celle qui se fait nommer désormais Rebecca Rolfe, après son mariage en 1614 et sa conversion au christianisme avec John Rolfe.

Ci-contre
Pocahontas se jette sur le corps de John Smith pour lui sauver la vie, en 1607. Illustration commémorative pour l'exposition de Jamestown de 1907.

« Ce mec danse comme les Noirs, il bouge comme on baise… »

Elvis Aaron Presley

1935, Tupelo, Mississippi – 1977, Memphis, Tennessee

Comme tout le monde sait tout de lui, ou presque – qu'il est né à Tupelo dans le Mississippi, que son frère, mort-né, s'appelait Jessie Garon et sa grand-mère Minnie, qu'il avait demandé au président Nixon, dans une ahurissante lettre manuscrite de six pages, d'être nommé « *Federal Agent at Large* » par le Bureau des narcotiques, que sa fille s'appelle Lisa Marie, que ses rouflaquettes noires avaient parfois atteint cinq centimètres, qu'il aimait les Cadillac de façon déraisonnable et que, sur la fin, dans sa quarantaine jamais achevée, il avait pris tellement de poids que son corps ressemblait à un ballon gonflé à l'hélium. Comme on sait tout de ses influences musicales, de ses trente-trois films, de ses millions d'albums, de la célébration de sa mort année après année, depuis le 16 août 1977 à Graceland, sa demeure, palais du mauvais goût à Memphis. Comme on a tout dit, tout écrit, tout répertorié, et qu'Elvis est, sans doute, dans l'histoire de la pop music, le rock, le blues, la « variété », le prénom le plus connu et prononcé. Comme je n'ai guère besoin d'énumérer les titres de ses chansons qui ont traversé la planète et les générations. Comme Presley n'aurait pas pu exister ailleurs qu'en Amérique. Comme j'aime

autant *Love me Tender* que *Blue Suede Shoes*, et *US Male* que *American Trilogy*. Comme je sais qu'il est la plus grande star du rock'n' roll – la première et la plus grande –, je préfère m'en tenir à un souvenir personnel. J'ai pu, de dix-huit à vingt ans aux États-Unis, assister à la naissance de ce phénomène – il n'y a pas d'autres termes pour circonscrire son talent, sa voix, l'impact qu'il eut sur plusieurs générations de teenagers. Nous étions une demi-douzaine d'étudiants dans le salon de la *fraternity house* (Sigma Delta Chi, je crois) de mon université et nous avions tourné le bouton de ce meuble énorme et séduisant qui, depuis peu de temps, commençait à trôner dans tous les foyers du pays. On diffusait, ce soir-là, le *Ed Sullivan Show*, l'émission de variétés la plus populaire du moment, animée par ce Sullivan dont la dentition me rappelait celle de Fernandel, dans les comédies que j'avais vues en France, avant le grand départ pour l'aventure aux États-Unis. Sullivan faisait la pluie et le beau temps dans le monde du disque et s'il avait décidé de choisir tel ou tel artiste, vous pouviez être sûr que celui-ci deviendrait vite populaire, à moins qu'il l'ait déjà été. Un crocodile, ce Sullivan, un histrion prétentieux

Elvis signe des autographes pour un groupe de jeunes filles, en août 1956, à Los Angeles. Il est évident que le déhanchement suggestif de la star du rock a contribué à son succès auprès du public féminin de l'époque.

**« UNE IMAGE EST UNE CHOSE ;
UN ÊTRE HUMAIN, UNE AUTRE.
C'EST TRÈS DUR DE SE
MONTRER À LA HAUTEUR
D'UNE IMAGE. »**

Elvis Presley

et habile. Voici qu'il nous annonce un « jeune artiste qui commence à faire parler de lui » et voici que, sur le petit-grand écran en noir et blanc, nous voyons apparaître un beau voyou à la peau claire et aux lèvres gourmandes, qui remuait son corps dans un mouvement pas très lointain de l'acte sexuel. Sullivan avait exigé que la caméra ne descende pas au-dessous du pelvis de cet Elvis. Néanmoins, la sulfureuse suggestivité du déhanchement du gamin de Tupelo, cheveu gominé luisant, éclatant de charme et d'aplomb, avait suffi pour que l'un des sages étudiants, fils de riches bourgeois du Sud, cravaté et peigné conventionnel,

s'exclame : « Putain, ce mec danse comme les Noirs, il chante comme personne, il bouge comme on baise. » Les yeux écarquillés, les bouches en rond, les commentaires triviaux et abasourdis, le petit groupe de *gentlemen*, sans se concerter, jaillit des sièges et du canapé pour entamer, à l'instar de la nouvelle idole qu'ils venaient de découvrir, une figure de *dirty dancing* dont je ne les aurais jamais cru capables. Elvis venait de naître. Plus rien, dans le monde de la musique populaire, comme dans l'attitude de la jeunesse, ne serait pareil. Elvis The Pelvis.

Norman Rockwell dans son
atelier à Arlington, dans le
Vermont, durant les années
1940. Il vécut en ces lieux
champêtres jusqu'en 1954.
L'illustrateur s'inspire souvent
de son propre milieu :
on retrouve, par exemple,
beaucoup de portraits
de ses voisins d'Arlington
dans ses œuvres postérieures.

Ci-contre

Le père Noël détermine son
long itinéraire pour amener
ses cadeaux aux enfants.
Norman Rockwell a illustré,
entre 1916 et 1960, plus
de trois cents couvertures du
magazine Saturday Evening
Post. Le journal en difficulté
ferme en 1969 pour être
relancé – pour peu de
temps – en 1971, avec une
de ses illustrations en première
page. À la fin des années 1960,
il travaille principalement
pour la revue Look.

Réussir à
« changer la donne »

Franklin Delano Roosevelt

1882, Hyde Park, New York – 1945, Warm Springs, Géorgie

Franklin Delano Roosevelt est inévitable.
Et ce, pour de multiples raisons :
1 - C'est le seul homme, dans l'histoire des États-Unis, qui ait exercé le pouvoir à la Maison-Blanche pendant quatre mandats consécutifs. Ce fils d'un homme d'affaires et d'une femme qui ne voulait pas qu'il fasse de la politique, cet admirateur de son cousin, Teddy Roosevelt, qui fut président avant lui, aura tenu le destin de son pays entre ses mains de 1933 à 1945. Depuis, et désormais, un président ne peut exercer plus de deux mandats. La démocratie américaine, dans son esprit, ne peut pas envisager qu'un homme, aussi talentueux fût-il, demeure aussi longtemps à la tête d'un État. Il est vrai que Franklin Delano Roosevelt a été élu en pleine dépression et réélu avant puis pendant une guerre — ce qui explique pourquoi les électeurs l'ont suivi en masse. Il était leur sauveur.
2 - Franklin Delano Roosevelt offre à l'histoire le profil unique d'un homme qui, par deux fois, a affronté des crises gigantesques et qui est parvenu à les résoudre. Roosevelt a accompli l'exploit de redonner confiance aux Américains qui avaient perdu tout espoir et toute certitude. On était bien loin, alors, de « l'arrogance du pouvoir », « l'hyper-puissance » qui, beaucoup plus tard, servirent d'identité à l'Amérique, au point de faire éclore l'idée que le XXᵉ siècle a été « le siècle américain ». Il faut se remémorer les années fin 1920-début 1930 : plus de 13 millions de chômeurs, autant de sans-abri. Les banques qui ferment, les paysans en danger de perdre leurs terres et leurs foyers, les suicides des financiers de Wall Street, les longues queues interminables devant les cantines roulantes de l'Armée du Salut, les derniers vestiges de la Prohibition avec les sanglants épisodes de la guerre entre gangsters et forces de police, la désillusion et la misère que

Hollywood tente de soulager ou masquer en produisant des comédies musicales étincelantes, qui font contraste avec la sombre couleur d'une humanité en perte d'âme, perte de foi, c'est cela le visage de l'Amérique quand Roosevelt en hérite. Intelligent, audacieux, armé d'une clairvoyante et courageuse conviction qu'il faut tout changer, Franklin Delano Roosevelt bouleverse les choses. Pour éteindre l'incendie de la Dépression, il innove et va inventer des méthodes qui sont entrées dans les mœurs politiques de toute démocratie.
Il s'entoure d'une équipe de jeunes technocrates à propos de laquelle on trouve le terme *Brain Trust*. Il impose le principe des « cent premiers jours » — au cours desquels un homme de pouvoir a toute liberté pour faire passer une masse de réformes et renverser la table. Changer la donne. Ce mot, précisément : la « donne », le contrat, le projet, il l'immortalise avec le *New Deal*, concept qui sert encore aujourd'hui de référence. Quinze lois majeures, agressives, sans précédent, vont laisser leur marque et leur trace sur le paysage américain : le *CCC* — qui engage plus de 3 millions d'hommes pour travailler sur différents projets —, la *Tennessee Valley Authority*, qui va fournir de l'électricité aux régions en détresse, la *SEC*, qui va corriger les abus ayant mené au grand crash de Wall Street, —le premier système de Sécurité sociale —, le *NIRA* pour que l'État aide les cités à construire. Derrière cet acronyme, une belle définition : l'Acte de guérison de l'industrie nationale — une forte ponction fiscale des classes riches. Bref, la Réforme avec un grand R, l'État avec un grand E, ce qui déplaît aux républicains, aux banques et aux hommes d'affaires, mais lui vaut sa réélection car le peuple, la Nation, lui voue une fidélité sans bornes. Une dévotion.
3 - Il est vrai qu'il possède et exploite tous les attributs du leader. On admire son combat contre une polio

Portrait de Franklin Delano Roosevelt en 1913. Après avoir été élu sénateur du parti démocrate dans l'État de New York, en 1910, il occupe en 1913 le poste de secrétaire adjoint à la Marine sous l'autorité du président Woodrow Wilson. Ce sont les débuts de sa grande carrière politique.

Double page suivante
Franklin Delano Roosevelt et Sir Winston Churchill furent à l'initiative de la conférence de Casablanca au Maroc, en janvier 1943 à l'hôtel Anfa, en réunissant Charles de Gaulle et le général Henri Giraud (ici sur la droite) – qui gouvernait alors l'Afrique du Nord et l'Afrique occidentale française – afin de les réconcilier tous deux et de préparer le débarquement en Italie et la libération de l'Europe. Invité, Staline refusa de les rejoindre.

qui l'empêche, dès l'âge de trente-neuf ans, de regagner l'usage de ses jambes. Voici donc un président sur béquilles et dans une chaise roulante, qui donne l'exemple d'un battant, un « profil de courage », comme l'écrira Kennedy, qui s'inspira de lui. Voici un homme dont le discours inaugural s'inscrit pour toujours dans les livres avec sa célèbre phrase : « La seule chose dont nous devons avoir peur, c'est la peur elle-même. » On écoute ses très claires émissions à la radio. C'est le premier grand « communicant ». Il a de l'humour, il transmet une sensation de proximité avec l'homme de la rue, malgré son allure et sa tenue de bourgeois prospère aux accents et manières quasi aristocratiques. Voici aussi un chef de guerre.

4 - Certes, aux débuts de la Seconde Guerre mondiale, il observe une prudence vis-à-vis d'une opinion publique isolationniste et de politiciens timorés — mais il sait qu'il faudra intervenir. Il signe un pacte avec Churchill et va utiliser le « jour de honte » de l'attaque de Pearl Harbor, en décembre 1941, pour faire basculer son pays dans le plus impressionnant effort de guerre. C'est une mobilisation, autant militaire que civile, la grande alliance contre les puissances de l'Axe et les deux projets secrets qui feront tourner le destin du monde — la fabrication secrète de la bombe atomique et l'opération « Overlord » du débarquement allié du 6 juin 1944.

Franklin Delano Roosevelt aima autant assumer le rôle de *commander in chief* que celui de réformateur. Les décisions stratégiques, c'est lui, avec ses généraux, certes, mais c'est lui, l'homme au porte-cigarette entre les dents, le créateur de l'ONU, que le stress et la maladie finirent par amoindrir au point qu'il se laissa manipuler par Staline à Yalta. On connaît les conséquences de l'affaiblissement de son jugement. Il meurt d'un arrêt cardiaque à soixante-trois ans, sans avoir vu la victoire complète des Alliés en Europe, ni celle sur le Japon. Un petit chemisier du Kansas, apparemment sans envergure, son vice-président, lui succédera — un certain Harry S. Truman, qui donnera l'ordre de balancer la foudre nucléaire sur Hiroshima. Mais qu'on ne se fasse aucune illusion : Franklin Delano Roosevelt aurait survécu, il aurait, lui aussi, dit « *Go* », sans une once de mauvaise conscience.

Le président Franklin Delano Roosevelt (élu en 1933), commente auprès des membres de son parti un match de base-ball se tenant à Washington, en mai 1934. Il se consacre principalement, au début de son mandat, au redressement économique du pays frappé par la crise, aidé en cela par un groupe d'experts en économie, les membres du Brain Trust.

« *UN RÉACTIONNAIRE EST UN SOMNAMBULE* QUI MARCHE À RECULONS. »

Franklin Delano Roosevelt

L'écrivain
attrape-cœurs

Jerome David Salinger

1919, New York – 2010, New Hampshire

On était en automne et le soleil faisait ressortir l'orange et le jaune des feuilles des érables. Le garçon portait une casquette de base-ball rouge, à l'envers. À l'époque, personne n'osait un tel geste de refus de l'ordre établi. Il arborait aussi une longue écharpe rouge qui voletait autour de ses frêles épaules. Sur le campus immaculé de Virginie où j'avais débarqué, venu d'une autre planète (la France des années 1950), je découvrais, dans cet univers organisé, lourd de conformisme et de traditions, quelques jeunes gens qui se détachaient de la masse uniforme des *freshmen*, les débutants de première année, tous habillés, rasés de près, gominés et pomponnés de la même manière. Le type à la casquette rouge me plaisait. Il avait cet air inquiet et arrogant, insatisfait et ironique, un peu rêveur, qui caractérise les vestiges de l'adolescence. Il marchait, nez au vent, sourire désabusé sur ses lèvres d'enfant rebelle. Je lui trouvais quelque chose de poétique, je songeais qu'il me faudrait devenir son ami.

« *L'HOMME QUI TOMBE, RIEN NE LUI PERMET DE SENTIR QU'IL TOUCHE LE FOND. IL TOMBE ET IL NE CESSE PAS DE TOMBER.* »

J. D. Salinger, *L'Attrape-cœurs*

« Il se prend pour Holden Caulfield, me dit un voisin de classe.
– Qui ça ?
– Caulfield. Tu n'as pas lu *The Catcher in the Rye* ? Tu ne connais pas Salinger ? »
Au *book store* du campus, j'ai acheté le jour même, pour vingt-cinq cents, la première édition en livre de poche – cent cinquante-neuf pages mal imprimées – de ce petit chef-d'œuvre dont la lecture, crayon en main, puis la relecture, à la lueur de la lampe au-dessus du lit picot de la minuscule chambre du dortoir, me fascina tant qu'elle confirma une vocation littéraire. Lorsqu'on annonça le mort de Salinger, le 27 janvier 2010 à 19 h 19, j'ai éprouvé comme la perte d'un père spirituel, un modèle, un ami de toujours. Je n'étais pas le seul. La disparition de « J. D. » a été reçue à Paris comme une sorte de deuil national, du moins dans la presse et les cercles littéraires. Ça a surpris les Américains qui, dans l'ensemble, n'accordent pas à leurs propres écrivains la place dans la société que nous faisons aux nôtres. Je crois que je n'aurais pas écrit quelques-uns de mes romans si je n'avais pas été imprégné de Salinger. Il m'a inspiré dans le ton, la construction, les personnages. Il a influencé des milliers de romanciers dans le monde. Rentré chez moi, j'ai déniché la précieuse relique, l'exemplaire aux pages jaunies, à la couverture illustrée de façon artisanale, avec la silhouette du héros portant cette fameuse casquette et s'avançant dans les rues perverses de New York, la nuit, pour entamer la fugue la plus célèbre de la littérature américaine du xxᵉ siècle. J'ai relu ce texte fondateur, dont l'argot a mal vieilli, mais qui conserve le même alliage d'humour et de sensibilité, la même véracité dans la description, à la première personne, du mal-être d'un jeune en rupture avec l'autorité. Le même hommage à l'adolescence, digne

Portrait de l'écrivain américain J. D. Salinger avec sa sœur Doris, à la fin des années 1940. Les images de lui sont très rares, l'écrivain ne supportant pas le regard des objectifs. Certains opérateurs ont même payé cher leurs indiscrétions. Photographie de Katherine Hube.

de Mark Twain ou du *Grand Meaulnes*. C'était
« génial », lorsque je l'ai découvert en 1954.
Ça le demeure aujourd'hui.
« On est tous des Holden Caulfield – c'est le nom
du héros – me confia, quelques jours plus tard,
le garçon à la casquette rouge. Pourquoi crois-tu
que tout le monde en parle ? »
Il s'appelait Bill et pouvait réciter par cœur la tirade
au cours de laquelle Holden explique à sa petite
sœur, Phoebe, ce qu'il voudrait être : « Je me représente
tous ces petits mômes qui jouent à je ne sais quoi
dans le grand champ de seigle et tout. Et moi je suis
planté au bord d'une saleté de falaise. Ce que j'ai à
faire, c'est attraper les mômes s'ils s'approchent trop
près du bord… C'est ce que je ferais toute la journée.
Je serais juste l'attrape-cœurs et tout. » Sans appui

médiatique, sans publicité ni télévision, sans aucun
autre pouvoir que celui, irrésistible, du bouche à oreille,
d'université en université, d'est en ouest et du nord
au sud, à travers les États-Unis, une génération entière
se mit à l'unisson de mon ami Bill et fit, cette année-là,
puis celles qui suivirent, du roman de Salinger, sa bible,
son credo. À mesure que je sentais l'engouement
gagner, je voyais bien pourquoi Salinger devenait
l'objet d'un culte (avant, lorsqu'il décida de se retirer
du monde, d'être un mythe) : il avait su, au moyen
d'une prose libérée, aisée, de dialogues et monologues
inventifs, capturer la sensibilité d'une époque.
Charme, désespoir à peine caché, surprise des situations,
fausse naïveté et vraie habileté d'une écriture de « pro »,
identification immédiate du lecteur, et ce regard sur
le monde adulte, cet anathème lancé par Caulfield :

Des machos q[...]
filles comme d[...]
et enrichissaien[...]
du jeu et du d[...]
avec « l'organi[...]
du comique-r[...]
de valises. Les[...]
organisé l'ont[...]
quelques *call g*[...]
des « padrino[...]
dont on se d[...]
Fratelli, à l'o[...]
– si complot[...]
requins, escro[...]
naviguait ave[...]
Il leur devait[...]
grâce à la pre[...]
traversée du [...]
Maggio, dan[...]
du meilleur [...]
J'en viens al[...]
apprécié que[...]
et souvent q[...]
sans relief n[...]
véritable val[...]
le revoir – d[...]
et *Comme un*[...]
mauvais gar[...]
des teenager[...]
chuté et reb[...]
(de Lana Tu[...]
Bogart avec[...]
souffrir, qu'[...]
infidélités e[...]
donc, dans[...]

« I did it
my way »

Frank Sinatra
1915, Hoboken, New Jersey – 1998, Los Angeles, Californie

Portrait de Frank Sinatra réalisé dans un studio de Capitol Records, en avril 1955. Il y enregistre son neuvième album, In the Wee Small Hours of the Morning *(« Dans les petites heures du matin »), basé – idée novatrice à l'époque – sur un concept. Ici, en l'occurrence, celui de la solitude et de la vie nocturne.*

Je me souviens de lui, au palais des Congrès à Paris, lors d'un de ses derniers concerts. Francis Albert Sinatra, dit Frankie, dit *The Voice*, dit *Ol' Blue Eyes*, empâté, vieilli, fatigué, la moumoute figée sur son crâne de petit dur à cuire du New Jersey, fils unique de parents immigrés italiens, avait démontré, ce soir-là, et la mesure de son talent et la petitesse de sa personnalité. Le talent ? Il est juste d'y revenir.

Cet homme a su marier le lent tempo mélodique et romantique de la ballade avec le rythme plus énergique du swing et du jazz. Il a su faire un instrument de sa voix, ayant appris très tôt, auprès des frères Dorsey, dès janvier 1940, comment utiliser le micro. Sa tonalité, la couleur sonore, la pureté du timbre ont traversé plus d'un demi-siècle de toutes les tendances musicales – survivant à l'avènement du rock – dépassant Dean Martin, Bing Crosby, Perry Como ou Tony Benett, dans ce rôle et cette spécificité de ce qu'on connaît sous l'identité de *crooner*. Ses pairs, Crosby et Martin en particulier, savaient jouer de leur voix de velours, chaude, soyeuse, limpide, astucieusement agencée pour faire danser les filles, de très près, le soir, quand les lumières se tamisent et que vient l'heure du *slow*, le moment où les corps se rapprochent et les désirs se font sentir. Mais Frank bénéficiait d'une plus grande palette, plus de vigueur dans la gorge, plus d'éclat dans la façon de balancer notes et paroles sous la conduite de grands jazzmen, plus de jus, plus d'étincelles, plus de souffle, d'ampleur vocale, une plus vaste disposition à se servir de son corps – aussi fluet fût-il. Il appartenait à la musique de jazz autant qu'à celle dite de « variété » et le timbre inimitable de sa voix lui ouvrit tous les espaces. Entraînant, enthousiasmant, épousant les cuivres et les violons, ne faisant qu'un avec les plus grands orchestres et instrumentalistes qu'il choisissait lui-même, car c'était non seulement un « naturel » mais aussi un technicien, un « pro » comme on n'en

avait peu connu. Lorsque, son chapeau de paille insolent et arrogant vissé sur son crâne, cravate dénouée sur des chemises qui sortaient de chez les meilleurs façonniers, pouces dans la ceinture, la gueule complice et le ton de l'initié qui s'adresse à d'autres initiés, Frankie entamait une de ses répétitions, on sentait le respect voler au-dessus du studio. Tout le monde savait qu'on était en présence d'un maître, une bête, un expert de haut niveau, un surdoué qui ne s'était pas contenté d'avoir reçu un don mais l'avait travaillé, comme Count Basie travaillait ses arrangements ou Nelson Riddle le rideau de ses violons. Son talent inondait la séance, comme il se répandrait, le disque enregistré, auprès des millions de fans qui vieillirent avec lui, depuis *Night and Day* de Cole Porter en 1942 jusqu'à l'éternel *New York New York* des années 1970. Un pro, vous dis-je, un prodige.

Ce talent, à Paris, vers la fin de sa carrière, il sait encore l'exploiter – mais avec prudence. La voix ne peut plus s'envoler et s'épanouir comme autrefois. Le corps est plus statique. On reste, néanmoins, sous le charme. Mais Sinatra est un mesquin, un égomaniaque. Sous prétexte que son fameux tube, *My Way*, a été adapté (et embelli d'ailleurs) par Paul Anka à partir d'une chanson écrite par le parolier du petit « Clo-Clo », Claude François – un nommé Jacques Revaux –, Sinatra, sur la scène de la porte Maillot, croyant que Revaux est présent dans la salle, va prendre un malin plaisir à déformer l'identité de l'auteur original, sourire narquois aux lèvres, verre de whisky à la main. Il a fait son *My Way*, à sa façon, sans épargner personne. Anecdote, mais typique du caractère de ce voyou, ce lutteur, cet acharné de la réussite, ce chef de la bande de parasites, et hommes de main, qui l'entouraient à Las Vegas, dans les grandes années du *Rat Pack* – le paquet de rats, les Dean Martin, Peter Lawford et autres Samy Davis Junior.

Les acteurs américains Henry
Fonda et Jane Darwell, dans
une scène du film Les Raisins
de la colère, *adaptation de*
John Ford, en 1940, d'après
le roman de John Steinbeck,
prix Pulitzer la même année.
Le film va remporter deux
oscars, dont celui du meilleur
réalisateur.

Ci-dessous

De gauche à droite : les acteurs
Burl Ives, Hal Taggart, James
Dean et Raymond Massey
dans À l'est d'Éden, *réalisé*
par Elia Kazan, en 1955, à
partir du célèbre roman de
John Steinbeck publié trois
ans auparavant.

« J'AI REMARQUÉ QU'IL N'Y
AVAIT PAS DE PIRE
INSATISFACTION QUE CELLE
DU RICHE : **GAVEZ UN
HOMME, COUSEZ D'OR SES
VÊTEMENTS, INSTALLEZ-LE
DANS UN PALAIS, ET IL
MOURRA DE DÉSESPOIR.** »

John Steinbeck, *À l'est d'Éden*

de *La Guerre des mondes*, va être courtisé par Hollywood qui lui propose un contrat fabuleux, sans précédent. Jusqu'ici, les grands studios n'accordaient aux réalisateurs qu'un pouvoir très limité, se conservant toute liberté d'intervention et de contrôle du film tourné par des gens que les « moguls » de la Fox, la Metro, la Goldwyn considéraient comme les employés d'une géante manufacture. La RKO, fascinée par Welles comme une poule par le cobra, va lui accorder ce qui ne s'est jamais vu dans le monde cloisonné et coercitif du cinéma : les pleins pouvoirs. Il sera réalisateur, producteur, auteur, acteur. Droit de regard sur tout, droit du fameux *final cut*, le montage final, droit de choisir qui il veut pour toutes les fonctions de fabrication de cette chose mystérieuse, un film. Orson Welles n'a jamais touché à une caméra, jamais imprimé un mètre de pellicule. Eh bien, il va tout comprendre, tout absorber de ses prédécesseurs et tout rénover. Aidé par un scénariste d'immense talent (Herman Mankiewicz), un chef-opérateur extasié de bonheur

Images démultipliées d'Orson Welles et de Rita Hayworth – son épouse – dans La Dame de Shanghai *(The Lady From Shanghai), thriller réalisé par ce premier et sorti en 1947. Le couple, qui ne s'entend plus, entame alors une procédure de divorce. Photographie de Robert Coburn.*

de pouvoir, grâce à Welles, casser les conventions de la forme et de la lumière (Gregg Toland), entouré d'une troupe de comédiens inédits venus du théâtre (Joseph Cotten, Everett Sloane), allant chercher un compositeur méconnu qui, plus tard, signera toutes les musiques d'Hitchcock (Bernard Hermann), Welles va signer le film-clé, le film-référence, le film-bible, le film-coup de tonnerre, le film « pierre, tu es pierre et sur cette pierre je bâtirai mon église », le film qui fait chavirer le 7e art. Aussi bien par la forme que par le fond. Même si de nombreuses figures de style et règles de tournage ont été déjà utilisées par des réalisateurs de Hollywood, Welles va les amalgamer, les pousser à l'extrême et en inventer d'autres. Il ouvre la profondeur de champs, découvre les plafonds, impose le contre-plongée, manipule les *flash-back*, et la voix off, joue de la lumière ou de son absence, découpe et déconstruit, insuffle un rythme, une énergie, une dynamique de sa caméra, il établit les bases d'une nouvelle esthétique. Quant au fond, prodigieusement enrichi par la collaboration de son coscénariste, il multiplie à l'infini les idées et les thèmes, comme un romancier qui aurait la dimension d'Hugo, Balzac, Tolstoï ou Dostoïevski. Le pouvoir et ses embûches, l'amour et ses échecs, l'enfance et son éternel besoin et manque, l'âge qui déforme et détruit, le naufrage du vieillissement, la paranoïa de l'homme politique et la violence du capitalisme sauvage à l'américaine, la presse et son pouvoir, son contre-pouvoir, les sentiments d'amitié bafouée, d'infidélité conjugale, de solitude profonde, le sexe et ses misères, la tâche originelle de l'abandon, la fatalité de la richesse excessive, les joies éphémères et l'autodestruction, c'est énorme, passionnant, ça fait scandale, car le modèle de Kane, dans la vie, est le tout-puissant magnat de la presse, William Randolph Hearst, qui va se charger de faire boycotter Welles. Ça permet tout de même à Welles, dans la foulée, de signer une autre merveille, *Les Splendeurs des Amberson*, mais ensuite, et pour le restant

*L'indépendant Orson Welles
réalise, en 1948, sans un sou
et en moins d'un mois,
une adaptation fantastique
de Macbeth, d'après
Shakespeare – flop commercial
retentissant dans les pays
anglo-saxons et succès
critique en Europe.*

« *IL NE FAUT PAS ÊTRE TIMIDE AVEC
LA CAMÉRA.* **IL FAUT LUI FAIRE
VIOLENCE, LA POUSSER JUSQUE DANS
SES DERNIERS RETRANCHEMENTS,
PARCE QU'ELLE EST UNE VILE
MÉCANIQUE. CE QUI COMPTE,
C'EST LA POÉSIE.** »

Orson Welles

de sa vie, Welles va jouer le rôle de l'enfant terrible, à la fois respecté pour ses trouvailles et sa démesure, mais ostracisé par un establishment à qui il fait peur. Le prodige de vingt-six ans continuera de faire dérouler ses œuvres et deviendra l'idole des cinéphiles du monde entier. Mais, en prenant de l'âge, il se perdra souvent dans l'alcool, la boursouflure de son ego, la grande bouffe, la belle et lucide conscience de ses échecs, maniant l'ironie et l'expression de ses désillusions avec cette voix inimitable qui fige l'attention de ses auditoires européens.

Courageux, il a combattu le maccarthysme. Impérial et don quichottesque, shakespearien, mégalomane et trop humain, trop « wellesien ». Obsédé par la mort, comme Kane, Arkadin, Quinlan ou Falstaff. Il la rencontrera en octobre 1985. Ce cœur magnifique et fou s'arrête de battre. Il continue encore de résonner en chaque cinéaste, chaque spectateur.

Sept oscars,
quinze nominations

Billy Wilder

1906, Sucha, Pologne – 2002, Beverly Hills, Californie

Je connais peu de filmographies aussi complètes que celle de ce fils d'hôtelier de Vienne, fuyant l'Europe à l'avènement d'Hitler, pour s'installer à Hollywood et y régner, disciple admiratif de leur maître à tous (Lubitsch), jusqu'à sa disparition en 2002.

Avec lui, vous entrez dans la grande galerie des « classiques ». Ça va de *Sunset Boulevard* à *Assurance sur la mort*, de *Certains l'aiment chaud* à *Le Poison* et *La Garçonnière*. Palmarès sans faille. Quelque genre qu'il aborde, il le réussit. Sept oscars et quinze nominations. Mais ces honneurs indiffèrent ce petit homme à l'humour décapant, ce scénariste astucieux et savant, ce maître du rebondissement et de l'utilisation adroite des grands noms du cinéma (Marlène Dietrich, Marilyn, Jack Lemon, Edward G. Robinson, William Holden, etc.). Il a toujours su les contrôler, exploiter leurs particularités et les faire entrer dans l'impitoyable corset de ses récits peaufinés, ciselés, riches de dialogues dus à ces inconnus qui ont fait le grand cinéma américain des années 1930 à 1950 ou 1960 : Charles Brackett ou I. L. Diamond, entre autres. Billy Wilder, c'était l'homme du mot qui touche, la réplique foudroyante, qu'elle surgisse dans ses films ou dans sa vie. Lors d'une cérémonie d'oscars, il est aux côtés d'un cinéaste japonais qui semble avoir quelques difficultés à ouvrir l'enveloppe d'un vainqueur. Il se penche vers lui : « Ça vous a pris moins de temps pour trouver Pearl Harbor. » Il avait débuté dans le journalisme à Berlin, avait gagné sa vie en dansant dans des thés pour vieilles dames, il n'était dupe de rien, professant un immense mépris pour les avantageux, les imposteurs, les fausses valeurs de Hollywood. On peut mieux comprendre son esprit, son laconisme, son sens du « deuxième degré » en lisant *Conversations with Wilder* de Cameron Crowe, paru chez Actes Sud en 2004.

Sa mère, sa grand-mère, son père adoptif ont tous été exterminés à Auschwitz. Derrière son rire, sa bonhomie, sa cigarette au bec et sa manière de tout tourner en dérision, on pouvait souvent lire le rappel de cette terrible réalité.

Ci-contre
Le réalisateur Billy Wilder devant un rideau de pellicules dans la salle de montage d'un de ses films, sans doute Le Gouffre aux chimères, *interprété par Kirk Douglas et Jan Sterling. Photographie de Bob Landry, Los Angeles, 1951.*

Page de droite
Portrait de Billy Wilder par Gjon Mili en 1960, soit un an après la sortie du formidable Certains l'aiment chaud *interprété par Tony Curtis, Jack Lemmon et, bien sûr, Marilyn Monroe – qui chante* Running Wild, I'm Through With Love *et le très célèbre (*"Poupoupidou"*)* I Wanna Be Loved By You.

Only
in America

Oprah Winfrey
1954, Kosciusko, Mississippi

Elle a tout osé et elle a réussi toutes ses audaces. Ça ne l'empêche pas d'être malheureuse. Elle n'a pas inventé le *talk show*, format qui date des débuts de la télé et la radio aux États-Unis, mais elle est la mère du *rapport talk show* – l'émission qui crée un lien. Parce qu'elle est allée plus loin que tous les autres, en mettant tout sur la table : l'obésité, l'homosexualité, la transsexualité, les viols dans les familles, l'inceste et ses conséquences, la drogue, l'illettrisme, le sida, tout y est passé – et tout a pu passer grâce à son extraordinaire empathie, son sens de la vulgarisation, sa facilité d'approche, celle d'un confesseur. Oprah Winfrey est une femme qui renverse les tabous, une personnalité au sourire éblouissant, télégénique, à l'éloquence aussi limpide qu'une rivière. Il existe un cliché dans le langage de la culture américaine pour définir un événement ou un personnage représentant la spécificité du pays et de ses mœurs – son héritage. On dit : *Only in America* – ça veut tout dire : il n'y a qu'en Amérique que ça pouvait arriver.

C'est *Only in America* qu'a pu naître, dans une ferme d'un bled du Mississippi, Kosciusko, une fille qu'on baptise Orpah – d'après le nom d'une protagoniste de la Bible, dans le livre de Ruth – mais dont on déforme la prononciation et qui devient Oprah. *Only in America* : l'itinéraire de cette petite fille de pauvres paysans, dont l'identité du père biologique est floue, qui, enfant du Sud, émigre vers le nord, dans le Milwaukee – typique itinéraire de la mouvance américaine, peuple de nomades capables, au contraire des Français casaniers, de traverser le pays pour refaire leur vie ailleurs. *Only in America* : à treize ans, Oprah est titulaire d'une bourse scolaire. À quatorze ans, déjà enceinte d'un inconnu, elle met au monde un garçon qui ne survivra pas. *Only in America* : elle redescend vers le sud, à Nashville. Elle déploie dans son lycée des talents d'éloquence, une aisance dans le verbe, l'échange avec

les auditeurs, et elle se dirige vers la radio. *Only in America* : après avoir gravi tous les échelons (radio et télé locales), Oprah Winfrey décroche, à Chicago, une tranche matinale sur WJZ-TV, et en fait très vite le *talk show* le plus suivi de la ville. En septembre 1986, *The Oprah Winfrey Show* entame une carrière télévisuelle qui va faire de la fille de fermiers la femme la plus regardée du pays. Et bientôt l'une des plus riches. *Only in America* : ce sens du business qui lui permet de « décliner » son prénom et sa personne comme une marque – livres, magazine titré de la première lettre de son prénom : « O », chaînes de radio, sa propre chaîne de télé. « Personnalité afro-américaine la plus riche du XXe siècle. » « Milliardaire noire la plus riche du monde. » Elle est une véritable industrie à elle seule, tout repose sur sa personne. Qu'est-ce qui fait d'Oprah Winfrey cette femme qui, parce qu'elle a choisi de parler de tel ou tel livre, le transforme, du jour au lendemain, en best-seller ? Cette femme qui, dès 2006, décide de soutenir le jeune sénateur de l'Illinois, un certain Barack Obama, dans son combat pour gagner l'investiture du parti démocrate et ensuite son accès historique à la Maison-Blanche ? (Selon de sérieuses statistiques, son soutien avait fait basculer plus d'un million de voix en faveur d'Obama lorsqu'il se battait dans les primaires contre Hillary Clinton.) Qu'est-ce qui fait que, pour une rare apparition au cinéma, dans *La Couleur pourpre* de Spielberg, elle obtient une nomination aux oscars ? Quel est le secret d'Oprah ?

À chacun de mes séjours en Amérique, je n'ai jamais manqué de la suivre à la télévision pour essayer de mieux comprendre. C'est un peu comme Fred Astaire avec ses claquettes : quand on regarde, on croit que c'est enfantin. Quand on y réfléchit, on voit bien que c'est un alliage de travail et de naturel, une expertise, un savoir-faire et aussi un don, du charisme, une nature

chaleureuse et séduisante. Oprah dégage de l'empathie, de l'émotion, de la tendresse, une solidarité immédiate avec son interlocuteur, la faculté de partager les malheurs et les bonheurs de celles ou ceux qu'elle interroge. D'ailleurs, elle n'interroge pas, à proprement parler. Ce n'est pas de l'interview. C'est plus subtil et malgré une apparence simpliste, il s'agit d'un travail d'orfèvre médiatique.

Elle s'implique, elle envahit l'écran, réussissant la prouesse d'avantager la personne (anonyme ou ultra-célèbre) qu'elle reçoit, tout en se mettant elle-même en scène avec l'exhibition de son propre caractère : une faim de la vie, une avidité de tout comprendre, tout dire, une franchise renversante, un mélange de bon sens, de spontanéité, et aussi d'engagement. Car elle milite pour toutes les causes : santé, discrimination, femmes violées, enfants maltraités. Un rire sans retenue et des larmes aux yeux quand l'émotion l'emporte sur la raison. C'est alors que les femmes s'identifient à elle, aussi bien les latinos, les blanches que les noires. Oprah est leur sœur, leur complice, leur mère ou leur fille, leur voisine de palier, celle à qui l'on peut tout confier et qui comprendra, puisqu'elle a tout vécu, tout connu. La popularité d'Oprah, son exposition permanente à la lumière des médias, l'extravagante propension américaine à mettre à nu les vies privées de leurs célébrités, aboutissent à ce que l'on partage ses moindres épisodes. Les viols dont elle a été victime, gamine. Les hommes qu'elle ne sait pas retenir. Les dépressions et la tentative de suicide. Les transformations de son corps, et comment elle est devenue une « ronde », alors qu'elle a toujours combattu l'obésité. Les enfants qu'elle n'a jamais eus. La drogue à laquelle elle a touché et la honte qu'elle en a ressentie.

La vie d'Oprah est… un opéra. Un fabuleux mélodrame, une *Success Story* par excellence, qui va au-delà de la réussite pour se muer en un phénomène social. Reconnue, respectée, admirée et crainte des médias et de l'establishment, comme « la femme la plus puissante et la plus influente », dont les prises de position, religieuses, humanitaires, sociétales, politiques (elle a dit non à Bush sur l'Irak), pèsent plus lourd que celles de n'importe quel membre du personnel politique, démocrates et républicains confondus.

Cent quarante pays diffusent ses shows. Elle distribue ses millions de dollars aux écoles, orphelinats, hôpitaux, non seulement dans son propre pays mais dans le monde entier. Mandela l'a félicitée. Obama aurait voulu qu'elle entre au Sénat. Elle possède huit résidences. Elle connaît gloire et fortune. Elle ne connaît pas l'amour. Et elle avoue qu'elle ne s'aime pas. *Only in America.*

Page de gauche
Oprah Winfrey joue avec les photographes à l'occasion des soixante-seizièmes oscars du cinéma, en février 2004, à Hollywood. Elle est devenue une des figures majeures de la vie médiatique américaine, qualifiée par CNN de « femme la plus puissante au monde ». Photographies de Lee Celano.

Ci-dessous
Oprah Winfrey sur le plateau de CBS à New York le 2 avril 2012. Photographie de Heather Wines.

Le chaos
de la vie

Tom Wolfe

1931, Richmond, Virginie

Tom est un ami. Nous sommes anciens élèves de la même université, en Virginie, mais il y étudia quelques années avant moi et je ne l'ai rencontré qu'au milieu des années 1980, lors d'une de ses tournées de promotion à Paris. Il venait parler de son sensationnel *Le Bûcher des vanités*. Depuis, nos conversations et notre correspondance n'ont jamais cessé.

Vêtu à la perfection de son éternel costume blanc, avec les accessoires minutieusement choisis – guêtres, boutons de manchette, épingle à cravate, pochette –, un sourire ironique et un regard en éveil, la voix douce et lente du natif de Richmond, dans ce Sud qui donne de la caresse aux sons, de la courtoisie à chaque geste, et un sens ineffaçable de la précarité de toutes choses, Thomas Kennerly Wolfe – quand il débutait on l'appelait « *TK* » (Tiké) – a réussi le passage du journalisme au roman en respectant les disciplines de ces deux exercices. Aller enquêter, interroger, noter, observer, renifler, humer, confesser, faire le terrain – quitte parfois, à y passer deux à trois ans –, ça, c'est le labeur du reporter, du fouille-tout, de celui qui ausculte les microcosmes contradictoires d'une société américaine fourmillant de personnages, incongruités, vices et vertus, particularités régionales ou ethniques, obsession de l'argent, du sexe, de la course au succès et de la satisfaction de l'ego. Un champ broussailleux et en changement perpétuel. Une aubaine pour le caricaturiste, l'œil qui voit la faille ou le ridicule, l'oreille qui entend les tics du langage et les accents. Et puis, une fois tout cela répertorié, digéré, analysé, synthétisé, passé au crible de son intelligence, son humour, son expérience, Tom devient romancier. Il conçoit des situations, fabrique des imbroglios, établit un suspense, pose des jalons et des repères, des énigmes et des leurres, il recrée un univers parfois plus vrai, plus marquant que celui réel, à partir duquel il avait conçu son projet. Ainsi a-t-il procédé pour *Le Bûcher des vanités*, *Un homme, un vrai, Moi, Charlotte Simmons*. Et aussi pour *L'Étoffe des héros*, qui n'est pas du roman, mais presque. Insatisfait, il passe des années à écrire, réécrire, revenir sur l'ouvrage. Il se réclame de Zola et de Balzac plutôt que de n'importe quel « géant » de son propre pays et professe une grande indifférence à l'égard des cercles littéraires new-yorkais qui l'ont souvent méprisé, sous prétexte que ses livres étaient des best-sellers et qu'il n'entrait dans aucun moule, aucun clan, aucune « petite chapelle » de la « communauté de la fiction ». Il s'ensuivit une querelle au cours de laquelle mon ami fit preuve de son ironie dévastatrice, son goût pour la provocation, sa verve iconoclaste. « Mes trois guignols » fut sa définition pour les trois romanciers, Mailer, Irving et Updike, qui s'étaient attaqués à lui. Tom en sourit encore.

Il refuse toute étiquette et me dit : « Je voudrais correspondre à la belle définition que Balzac donnait de lui-même : "Secrétaire de la Société". » Et il continue : « J'essaye d'exprimer le chaos de la vie et de l'époque en apportant une qualité documentaire, avec l'espoir de stupéfier le lecteur. »

Quand il débarque en France – ce qui est très rare –, tous les admirateurs du *new journalism* dont il fut l'un des papes, viennent faire leur génuflexion. Ça ne lui déplaît pas. J'attends son prochain roman, afin qu'il me « stupéfie » encore une fois.

L'humilité
d'un géant

Frank Lloyd Wright

1867, Richland Center, Wisconsin – 1959, Phoenix, Arizona

Ce n'est pas compliqué : sur une liste des « vingt-huit endroits à visiter avant de mourir », dressée par l'Institut Smithonian, la « Maison sur la cascade » figure en bonne place. C'est la fameuse Résidence Kaufmann, connue sous le nom de *Fallingwater* – la chute d'eau. Et c'est l'un des chefs-d'œuvre de Frank Lloyd Wright. Brillant, ingénieux, agréable, original, dégageant une impression de la vie qui court, la vie qui va, les cycles de la nature, la fluidité de l'élément le plus important de la nature – c'est-à-dire l'eau –, l'enchantement permanent du bruit de cette chute d'eau, impressionnant, majestueux sans être pesant, intégré au paysage. Cette maison – ce concept – a été ouverte au public comme un musée depuis 1964 et visitée par plus de dix millions de gens. Elle appartient au patrimoine national. Elle contient tous les éléments caractéristiques de l'immense talent de Wright – sans aucun doute le plus grand architecte américain, dont le style et les choix ont influencé des écoles et des générations entières. Sa réputation et ses créations ne s'arrêtent pas à l'Amérique, même s'il a toujours choisi de construire et d'innover dans son propre pays, dont il vénérait le système démocratique.
Wright est considéré comme l'« Architecte du xxᵉ siècle ». Les meilleurs de cette profession qui régit et influence nos existences, les concepteurs de musées, stades, aéroports, cathédrales, immeubles de bureaux ou résidences particulières qui, de Milan à Tokyo, de Londres à Bilbao, de Dubaï à Brasilia, de Beijing à Berlin, révolutionnent et redéfinissent les paysages urbains, les Foster, In Pei, Renzo Piano, Tadao Ando, Franck Gerhy, Rem Koolhaas, Kazuyo Sejima, Zaha Hadid, Alvar Aalto, Jean Nouvel, Wilmotte, Herzog et De Meuron, tous ces noms, et tant d'autres, que j'oublie ou j'ignore – car l'architecture n'est pas mon fort – doivent quelque chose à Wright – comme à Le Corbusier et à Mies Van Der

Rohe. Les trois piliers de l'architecture du xxᵉ siècle. Le pionnier au chapeau étrange et à la silhouette altière, né deux ans seulement après la fin de la guerre de Sécession (1867) et mort à quatre-vingt-douze ans, deux années seulement après le lancement du premier satellite, le *Spoutnik* (1959), aura traversé deux siècles et dominé cet art. Il est impossible d'énumérer ses innovations successives, fruits de son imagination. Il a dessiné les plans de 1 141 constructions (des écoles et des bibliothèques, des ponts et des musées, pas seulement des lieux d'habitation, mais tous les lieux que fréquente le genre humain), dont 532 ont été complétées – 409 d'entre elles se tiennent encore debout, dans les cités et les espaces américains. Toutes témoignent de l'une de ses doctrines : « rester proche de la nature ». Une autre phrase-clé : « Un immeuble n'est pas simplement un endroit où l'on est. C'est une manière d'être. » Et c'est bien ce qui fait la base de sa *Fallingwater*, puisqu'il dit à l'homme d'affaires Kaufmann, qui cherche une maison éloignée de toute ville, tout artifice et proche des chutes de la rivière Bear Run en Pennsylvanie : « Je veux que vous viviez avec la cascade. Je ne veux pas seulement que vous la contempliez. » En fait, Wright est l'un des premiers et des plus importants « environnementalistes ». Il a développé son amour de la nature et sa vision de l'étendue américaine pendant son enfance dans le Wisconsin, au cœur du Midwest, ce qu'on appelle « la Prairie ». On en revient toujours à l'enfance : c'est au cours des étés passés dans la ferme de son oncle que le jeune garçon apprend, et surtout comprend, absorbe, intègre les dessins, les formes, les rythmes de la nature. La branche d'un arbre qui n'est jamais qu'un porte-à-faux naturel, un *cantilever*, lequel constituera, plus tard, l'essentiel de la structure de la fameuse « Maison sur la cascade ». Les pierres. Les évolutions du sable et

L'architecte Frank
Lloyd Wright
chez lui, en plein
travail, en 1956.
C'est l'époque
où commence
sa réflexion sur
la conception
du musée
Guggenheim
qu'il va bâtir sur la
Cinquième Avenue,
à New York, et
dont il ne connaîtra
pas l'inauguration
de 1959, célébrée
quelques mois
après son décès.
Photographie
d'Alfred
Eisenstaedt.

de l'herbe : « Restez proche de la nature, elle ne vous trompera jamais. »
Ses maisons sont intégrées à la nature. C'est à propos de Wright
(influencé lui-même par son maître, Louis Sullivan et par le Japon)
que l'on va parler d'architecture « organique ». Même s'il a appartenu
à l'école du gratte-ciel de Chicago, Wright privilégiera l'horizontal
au vertical. Il associe l'horizontalité à la liberté, à la vocation de ses
concitoyens. J'interroge Jean-Michel Wilmotte. Comment le définir ?
L'architecte fait un geste souple et circulaire de sa main dans le ciel,
pour ensuite me dire : « C'est le geste initial qui a conduit Wright à
dessiner la spirale, en forme d'escargot, à l'origine de ce qu'il construira :
le musée Guggenheim à New York. L'architecture, au niveau d'un Wright,
part d'une inspiration fulgurante, un éclair. » Et cela devient, en effet,
cette autre étonnante structure qui ressemble à un grand ruban blanc
enrobé dans une forme cylindrique, une coquille géante d'escargot enroulée
à une autre – légèrement plus large au sommet qu'à la base.
À l'intérieur, les galeries sont atteintes en spirales. Une rampe illuminée
accueille les visiteurs. Wright expliquait qu'il fallait casser la convention
des étages, des niveaux longs et plats et successifs au bout desquels
on se dirige vers une sortie. Avec sa spirale hélicoïdale, il crée une autre
approche de l'art exposé. Montée et descente, circulation nouvelle, lumière
différente, les formes subtiles, un sentiment général s'empare de vous, et
vous fait mieux aimer les toiles que vous allez découvrir. C'est vibrant,
souple, une œuvre à la fois radicalement contraire à la « Maison sur la
cascade » et, cependant, procédant du même geste intuitif et génial :
briser les conceptions classiques, s'inspirer de la nature, faire vivre
l'habitant ou le visiteur dans une sorte d'euphorie sereine, en adhésion
avec les matériaux, les couleurs, les dimensions.
J'interroge un jeune architecte américain, Mark Davis, nouvelle génération :
« On se sent libre dans un espace créé par Wright. On sent aussi sa
présence à chaque détail, chaque marche d'escalier, chaque encorbellement,
chaque pièce, car c'était un homme prolifique, dont la créativité ne se
limitait pas au seul dessin architectural. Il était complet, ce qui n'est
pas toujours le cas aujourd'hui, c'est-à-dire qu'il a aussi bien *designed*
des meubles, des lampes, des tissus, des tapis, des services de table.
Écrivain, philosophe, éducateur, il en impose. Oui, c'est le terme
qui lui va : imposant. »
Un front large, des yeux en amande qui scrutent, un sourire de sage
et de fou, une aura de certitude, un maintien de prédicateur ou de chef
d'orchestre, tel apparaissait Wright, la tête recouverte de son chapeau
mi-cow-boy, mi-urbain, mi-paysan, mi-fantaisiste, un de ces accessoires
dont le choix en dit souvent long sur une personnalité. J'aime retenir
que cet immense créateur disait à la fin de sa vie : « Je sens venir un
sentiment étrange : l'humilité. »

*Foule devant le musée Guggenheim
à New York lors de son ouverture
le 25 octobre 1959. Photographie
de Ray Waters.*

En 1956, dans le
Wisconsin. Considéré
comme l'un des plus
grands architectes
du xxᵉ siècle, Frank Lloyd
Wright a dressé plus
de huit cents plans
de construction au cours
de sa longue carrière.
Photographie d'Alfred
Eisenstaedt.

Frank Lloyd Wright
avec ses étudiants,
en 1946. Photographie
de Ralph Crane.

Ce livre débute avec un A comme Ali et s'achève, avec un W comme Wright, sur cette phrase du célèbre architecte : « Je sens venir en moi un sentiment étrange : l'humilité ».

Mes « 50 Américains », rebelles, *mavericks*, réformateurs, inventeurs ou créateurs, étoiles et égos, agents d'influence et traverseurs de lignes, ont sans doute éprouvé cette sensation, même s'ils ne l'ont pas toujours exprimée. Plus grands sont les hommes et les femmes, plus capables sont-ils d'accepter et reconnaître leurs limites. Orgueil et humilité souvent se rencontrent : d'Ali le combattant jusqu'à Wright le constructeur, des pères fondateurs aux héros des droits civiques, des astronautes aux stars de la musique ou de l'écran, tous et toutes — grâce à cette double vertu — ont contribué à façonner l'image d'un pays « hyper présent », autant qu'« hyper puissant ».

Le centre de gravité du monde bascule aujourd'hui vers d'autres horizons : l'Asie, l'Orient. L'humilité sied, désormais, à une Amérique moins dominatrice — saura-t-elle proposer autant de talents et d'exploits ? Le « softpower », qui constitue l'ADN d'une nation d'immigrés devenus américains, demeure aussi fort. La fabrique de « rêves » n'est pas fermée pour cause d'inventaire. Le grand roman des Américains de demain reste à écrire.

Philippe Labro
Paris. Août-septembre 2012

MES
AMÉRICAINS